AF315808

LE SLESVIG

PAR

PAUL VERRIER

Chargé de Cours à l'Université de Paris.

PRIX : 1 FRANC

PARIS

LIBRAIRIE FÉLIX ALCAN

108, BOULEVARD SAINT-GERMAIN, 108

LE SLESVIG

DU MÊME AUTEUR

Fem Digte. Akademisk Boghandel, Copenhague, 1902. *Épuisé*.

> « Cinq poésies » danoises, dont trois sur le Slesvig. La plus importante a d'abord paru en 1898, le jour des élections au Reichstag, dans tous les journaux danois du Slesvig.

L'Ame de la France dans ses poètes. Larousse. Paris, 1916 . . . . 0 fr. 50

> Conférence faite en 1913 dans les pays scandinaves.

L'Effort de la France au cours des âges. *Sous presse.*

> Conférences faites en 1913 dans les pays scandinaves.

La Folie allemande. Documents allemands. Berger-Levrault, Paris-Nancy, 1915. 0 fr. 30

> Reproduction, revue et augmentée, d'articles parus en octobre-décembre 1914.

La Haine allemande. Impressions d'Allemagne. Berger-Levrault. Paris-Nancy, 1915. 0 fr. 40

> Reproduction, revue et augmentée, d'articles parus de novembre 1914 à janvier 1915.

To krigsprinciper. *Sous presse.*

> « Deux principes de guerre » : conférence faite dans plusieurs villes de Norvège, en 1916, et réponse de Friedrich Naumann, qui ont d'abord été publiées, l'une et l'autre, par *Økens Reny* (Christiania, 1916).

LE SLESVIG

PAR

PAUL VERRIER

Chargé de Cours à l'Université de Paris.

PARIS

LIBRAIRIE FÉLIX ALCAN

108, BOULEVARD SAINT-GERMAIN, 108

——

1917

LE SLESVIG[1]

AVANT-PROPOS

Le Slesvig, pour les Français, pour presque tous
du moins, ce n'est qu'un nom. Qu'en sait-on, en
effet? Qu'il a été enlevé par la Prusse au Danemark.
Encore ne parle-t-on pas du Slesvig, en général,
mais du « Schleswig-Holstein », des « duchés »,
comme de frères siamois indissolublement soudés
l'un à l'autre, tant par la nature et la nationalité
que par un égal regret d'avoir été arrachés à la
mère-patrie. On ne se doute pas que le Slesvig et le
Holstein, c'est à peu près le feu et l'eau : le Slesvig
est danois, le Holstein est allemand. Le fleuve qui
les sépare, l'Eider, a été reconnu officiellement par
les empereurs de jadis comme frontière entre le
Danemark et l'Allemagne. Avant 1864, les deux
duchés étaient bien réunis, avec le Lauenbourg, sous
le gouvernement du roi de Danemark, mais le Sles-

1. Conférence faite en 1913 à l'École des Hautes Études sociales. Nous
la publions telle qu'elle a été rédigée, composée et corrigée en seconde
épreuve dès le commencement de l'année 1914. On n'y trouvera donc
rien, — à part quelques notes, — qui ait été inspiré par la guerre
actuelle.

vig appartenait à la monarchie danoise comme
« terre de la couronne »; tandis que le Holstein,
ancien fief du Saint-Empire, faisait partie de la Confédération germanique. On peut même dire que le
Holstein n'a jamais cessé d'être l'avant-garde acharnée de l'Allemagne dans la conquête progressive du
Danemark par la ruse ou par la force, par infiltra-
tion sournoise ou par agression brutale.

Cette histoire, très simple dans les grandes lignes,
est embrouillée dans le détail.

Au lieu de nous y engager tout de suite, mieux
vaut jeter d'abord un coup d'œil sur la géographie
physique et humaine du Slesvig : il importe de connaître la figure et le caractère des personnes dont
on veut étudier les tenants et aboutissants.

Prenons une carte : le Jutland, péninsule qui avec
d'innombrables îles forme le Danemark, s'érige au
nord de l'Allemagne comme « la pierre levée » des
tumulus où reposent les anciens « rois de mer ».
Cette stèle, aux contours bruts, s'appuie sur le Holstein allemand, base informe, écrasée. Elle a pour
fût, mince et court, le Jutland méridional, appelé
d'ordinaire Slesvig, du nom de sa vieille capitale. Un
chapiteau massif la couronne, — le Jutland septentrional, — que coiffe gaillardement un heaume
terminé par la pointe de Skagen, prenant ainsi
pour les imaginations pangermanistes l'aspect fati-
dique d'un casque prussien.

En Slesvig, pour emprunter des noms à notre Poitou, le bas plateau de la « gâtine » (*geest*) s'allonge du sud au nord entre le « marais » et le « bocage ».

Sur la mer du Nord et au niveau de ses vagues tumultueuses, mais derrière un brise-lames d'îles et d'îlots, s'étend le « marais » : longue plaine, étroite et rase, de prairies humides et mélancoliques, riches, d'ailleurs, et égayées dans la bonne saison par un nombreux bétail au pelage rouge et blanc, — les couleurs danoises. Au milieu du pays, c'est la lande sans fin, rousse en automne, tout empourprée en été de bruyère en fleur. Mais à l'est, au delà des campagnes verdoyantes et coupées de haies vives, les « sunds » et les « fjords » de la Baltique, sinueux ou largement évasés, déroulent paisiblement leurs eaux bleues au pied de gracieux coteaux, où s'étalent de beaux hêtres. Comme elle est danoise, là surtout, cette province annexée par la Prusse ! Comme elle chante, dans la muette symphonie de ses formes et de ses couleurs, l'hymne caressant de la patrie danoise !

> Il est un doux pays avec de larges hêtres
> Au bord des flots d'azur.
> Il ondule en contours si purs !
> Dans ses abris champêtres
> L'amour vit calme et sûr.

Les Vikings sur leurs nefs y rentraient — courte pause! —
    Fêter leurs durs combats.
    Puis sus à l'ennemi, là-bas!...
    Leurs ossements reposent
    Sous les grands tertres ras.

Pays toujours si beau! Ta mer si bleue embrasse
    Des champs, des bois si verts !
    Tes filles, beautés au cœur fier,
    Tes fils, de forte race,
    Ont l'œil si franc, si clair!![1]

« Oui, danoise est notre terre, vous diront les habitants, danoise pour toujours. Et toujours, nous aussi, nous resterons Danois. »

Maraîchins, gâtinais, bocageons, tout le monde ici est Danois : Danois de race, à part quelques milliers de Frisons et d'Allemands immigrés ; Danois de langue et de sentiments dans la partie septentrionale, au nord d'une frontière marécageuse qui va de Flensbourg à Tönder (Tondern).

Ce gamin que vous rencontrez au long d'un chemin creux, en train de cueillir des noisettes dans les haies, regardez-le : le rouge et le blanc du drapeau danois, du Dannebrog, éclatent sur ses joues avec cette vigueur de contraste que seul arbore le teint des petits Danois. Un maître d'école teuton,

1. L'hymne national danois, dont nous donnons ici une traduction adaptée au rythme de la musique, a été écrit en 1819 par le grand poète Oehlenschläger.

agacé de cette protestation silencieuse, empoigna un jour un de ses élèves et lui barra le visage d'une tache d'encre : « Noir, blanc, rouge, ricanait-il, voilà ton Dannebrog transformé, comme il sied, en tricolore allemand ».

Écoutez-le, ce gamin : tout bas, il fredonne quelque chanson danoise, l'hymne national peut-être. Il est heureux pour lui qu'il n'y ait pas dans le voisinage des oreilles tudesques. Pour avoir chanté ces airs défendus, tel de ses grands frères, de ses grandes sœurs, a dû payer une lourde amende ou passer de longues journées en prison. Tel autre, entendu de loin par des gendarmes, a vu braquer sur lui un canon de fusil, pour appuyer l'ordre de se taire et de s'arrêter.

Ils ont fort à faire, les gendarmes prussiens, contre les protestations, volontaires ou non, des hommes et des choses.

La route qui arrive du sud à Aabenraa (Apenrade), petite ville slesvigoise, est bordée de magnifiques sorbiers. En automne, ces arbres sont tout couverts de larges grappes de baies rouges, entrecroisées de feuilles blanchissantes. Les autorités ont songé à les faire abattre : ils se dressent, en effet, comme autant de Dannebrog, l'étendard « rouge-sang » à croix blanche.

Une pauvre vieille, sans penser à mal, avait tressé pour la tombe de sa fille une couronne de sorbes nouée d'un ruban blanc : cette couronne séditieuse lui valut une forte amende, que, faute d'argent, elle paya en journées de prison.

Il y avait dans le pays beaucoup de maisons en briques rouges jointoyées de mortier blanc. Après l'annexion, défense en bien des endroits, à Sönder-borg (Sonderburg) par exemple, de réparer les anciennes dans le même style et d'en construire de nouvelles, toujours sous peine d'amende ou de prison.

Peu de temps après l'annexion, Guillaume Ier fai-sait dans la province conquise la tournée du pro-priétaire. Il vint aussi à Sönderborg, ville ouverte, que son artillerie avait incendiée en 1864. Il avait refusé de recevoir une députation qui voulait lui rappeler ses promesses, « l'Article V », dont nous reparlerons. Les Slesvigois, accourus en grand nombre, s'alignèrent en rangs épais des deux côtés de la rue qu'il devait traverser, tous le chapeau sur la tête et la pipe à la bouche. Quand il pas..., une voix cria : « Volte-face ! » et tout le monde tourna le dos au souverain, sans dire un mot, sans faire un geste. Les soldats qui l'escortaient, fusil au poing, dispersèrent la foule et cherchèrent à l'ameuter, mais en vain. Le roi de Prusse ne s'arrêta dans aucune autre ville du Slesvig.

En face de Sönderborg se dressent les hauteurs de Dybböl (Düppel). C'est là que, pendant dix semaines, une armée prussienne, bien pourvue de fusils et de canons perfectionnés, assiégea un petit corps danois à peine protégé par des retranchements en terre, mal armé de vieux fusils et bientôt à court de munitions. La victoire finale n'avait rien de bien glorieux en elle-même, encore moins par son but, l'oppression du Slesvig danois. La Prusse n'en a pas moins voulu l'exalter à tous les yeux par un étrange monument, qui domine le pays : un clocheton de cathédrale surmonté d'une croix. A quiconque en ignore l'histoire, cette croix ne peut rappeler que les maximes du Galiléen qui mourut crucifié, il y a dix-neuf siècles, pour avoir prêché aux hommes la fraternité : « Aimez votre prochain comme vous-même ; ne faites pas à autrui ce que vous ne voudriez pas qu'on vous fît à vous-même ». Approchons : nous apercevrons au milieu de la croix l'effigie de « Guillaume le Grand », le grand hypocrite et le grand sabreur, — *der grosse Heuchler und Meuchler*, — impitoyable oppresseur des Slesvigois, des Polonais et des Alsaciens-Lorrains.

Mais tout aussi haut que ce grotesque monument de la victoire allemande, symbole de meurtre et de mensonge, plus haut encore, se dresse à côté un simple moulin à vent, où se sont battus jusqu'au bout les défenseurs du Slesvig, le « moulin danois », symbole de vie et de loyauté, symbole de fidèle résistance nationale. Et la langue qu'on parle tout autour, dans les villas et les fermes cossues du voisinage, c'est le danois. Et ceux qui le parlent sont de robustes gaillards : « Fort et tenace, comme dit la chanson, est le Jutlandais ».

Fort et tenace, calme par suite et digne devant la tyrannie et ses provocations, tel est surtout le Jutlandais du sud, le Slesvigois.

LE « DROIT HISTORIQUE »

Slesvig, ce que ce nom évoque à l'esprit de tous, comme le nom d'Alsace-Lorraine, de Pologne, de Bohême, de Moravie, de Croatie, de Bosnie-Herzégovine, de Trentin et d'Istrie, de Transylvanie et de Bukovine, comme le nom de tout pays immédiatement à portée de l'insatiable et implacable rapacité allemande, c'est une guerre de nationalités.

Petite province que le Slesvig, sans doute, mais grande par l'exemple qu'elle donne : l'Allemagne, forte de ses millions d'hommes et de ses milliards de marks, s'acharne contre 150.000 Danois annexés, pour leur ravir la langue, la civilisation et jusqu'au sol de leurs ancêtres ; cette poignée de « braves gens » résiste.

Voilà des siècles que dure cette lutte. Elle a commencé dès que les deux races, par l'arrivée ou le retour des Germains occidentaux sur les bords de l'Eider, se sont trouvées riveraines. Depuis lors elle se poursuit, tantôt « par le fer et par le sang », suivant la formule de Bismarck, tantôt par la ruse et par l'oppression, suivant une pratique non moins bismarckienne.

Le Danemark est entré dans l'histoire européenne, à

la fin du viiie siècle, par l'hospitalité qu'il ne craignit pas d'accorder, coup sur coup, aux Saxons pourchassés par Charlemagne, entre autres à Witikind. Une fois définitivement soumis au grand empereur, les Saxons tournèrent leurs armes contre les anciens hôtes de leurs chefs fugitifs. Pendant tout le moyen âge, ils renouvellent à chaque instant leurs attaques et leurs invasions, provoqués parfois à des représailles, au début du moins, par les incursions des Vikings, mais poussés avant tout, et de tout temps, par ce désir de s'étendre qui a reçu en d'autres circonstances le nom de *Drang nach Osten*. Quand ils eurent occupé tout le Holstein, qui était longtemps resté à moitié désert (Holstein = Holtsetar « colons de la forêt »), ils ne tardèrent pas à vouloir mettre la main sur le Slesvig.

Pays danois depuis les âges les plus reculés, — aussi loin que l'histoire, l'étude des noms de lieux et l'archéologie nous permettent de remonter, — cette marche située entre l'Eider et la Kongeaa (Königsau), cette province, plutôt, possédait au ixe siècle les deux grandes villes du Danemark, Slesvig et Ribe, centres d'un commerce international très important et premiers foyers de la religion chrétienne dans le nord de l'Europe. Qu'elle appartînt au roi de Danemark, comme partie et de son royaume et de son domaine, c'est là ce qu'ont reconnu les empereurs Charlemagne, Conrad II et Sigismond.

Mais les comtes saxons de Holstein cherchèrent de bonne heure à s'en emparer. Enfin, ils l'obtinrent comme gage de prêts faits au roi de Danemark et au duc de

Slesvig, puis, à deux reprises (1386 et 1 ͺ59), comme fief héréditaire. En 1459, le dernier d'entre eux mourait sans enfants. Christian Ier de Danemark menaça de rattacher directement le Slesvig à la couronne, comme fief tombé en déshérence, s'il n'en était pas élu duc, en même temps que comte de Holstein, par les États des deux provinces. Comme ces assemblées se composaient de nobles qui avaient des terres des deux côtés, — bien que le Slesvig fût fief du royaume danois et le Holstein du Saint Empire Romain, — elles consentirent avec empressement (1460). Mais le duché et le comté, qui fut plus tard érigé aussi en duché (1474), devaient rester à jamais unis et indivis : *ewich tosamende ungedelt*. Ce qui n'empêcha pas de les partager peu à peu et presque à l'infini au cours des siècles, à partir de 1490, entre les diverses branches de la famille royale.

En 1720, le Slesvig tout entier revenait à la couronne danoise. *La Prusse*, l'Angleterre, la France et plus tard la Russie approuvèrent cet arrangement et s'en portèrent garantes. Le représentant d'une des branches cadettes auxquelles nous venons de faire allusion, le duc d'Augustenbourg, reconnut solennellement le droit qu'avait le roi de Danemark « d'incorporer à sa couronne les parties du Slesvig qui en avaient été séparées *injuria temporum* » ; il lui jurait en même temps fidélité, à lui « et à ses successeurs royaux *secundum tenorem legis regiæ* ». En 1852, le duc Christian d'Augustenbourg renouvelait cet engagement, « sur sa parole et son honneur de prince, en son nom et au nom de sa famille ». Son propre fils, cependant, — quand le roi Frédéric VII mourut sans héritier direct, en 1863, — réclama les deux duchés. Il ne fut pas seulement soutenu par le Holstein allemand, que le Danemark abandonna tout de suite, et par le sud germanisé du Slesvig, mais encore par la Prusse, au mépris de ses engagements, et par l'Autriche. Christian IX, le nouveau roi de Danemark, se vit bientôt contraint de livrer aussi le Slesvig à ces deux puissances, par le traité de Vienne (1864).

Deux ans plus tard, la Prusse déclarait la guerre à sa complice, l'Autriche, afin de garder toute seule le butin, c'est-à-dire, en plus du Lauenbourg, déjà acheté par elle, le Slesvig et le Holstein, qui lui échurent en effet, après Sadowa, par le traité de Prague (1866). Quant au duc d'Augustenbourg, elle le débouta de ses revendications, en lui faisant répondre par ses juristes, le « Syndicat de la Couronne », que le roi de Danemark Christian IX était seul héritier légitime des duchés et qu'il les lui avait cédés, à elle et à l'Autriche, par le traité de Vienne. Ce qu'on invoquait donc ainsi, c'était le droit du plus fort. Le point de départ de cette annexion n'est autre que la volonté cyniquement exprimée par Bismarck : *Dat möt wi hebben* (il nous faut ça) ! Tout le reste n'est qu'une comédie, sinistre, il est vrai, et sanglante.

Elle a, d'ailleurs, continué.

Si Napoléon III n'avait pas consenti à intervenir en 1864, c'est en partie, sans doute, qu'il s'était laissé tromper sur les aspirations nationales du Slesvig, du Slesvig septentrional. Il en reçut bientôt une députation, qui l'éclaira. En 1866, quand la Prusse et l'Autriche conclurent le traité de Prague, il réussit à leur

faire insérer dans l'Article V, ou « § 5 », la clause suivante : *Les populations des districts du Nord du Slesvig
seront de nouveau réunies au Danemark si elles en
expriment le désir par un vote librement émis.*

Il y avait là de la part de la Prusse, comme signataire du traité, un engagement formel. Bismarck, qui
tenait avant tout au port de Kiel, ne trouvait pas qu'il
y eût avantage à y manquer : « J'ai toujours été
d'avis, dit-il, qu'une population qui manifeste avec persistance la volonté bien arrêtée de ne pas être prussienne ni allemande, qui manifeste la volonté bien
arrêtée d'appartenir à un état immédiatement voisin
et de sa nationalité, n'apporte aucune force à la puissance dont elle tend à se séparer » (discours au
Landtag, du 20 décembre 1866). Mais son « royal
maître » s'y opposait « pour des raisons de sentiment ».
On est « sentimental » outre-Rhin, nous en avons été
maintes fois avertis : « Quand un Allemand vous
marche sur le pied, écrit Henri Heine, il se plaint que
vous lui faites mal. » Guillaume Ier, le reître couronné,
le « Prince-Canon » de 1848, avait le cœur particulièrement sensible : quand il se vit démontrer par Bismarck, après Sadowa, que mieux valait se restreindre,
en fait de butin, à la possession indivise et absolue des
deux provinces arrachées au roi de Danemark, il eut
une crise de rage. La rapacité de leurs ancêtres, petits
barons-voleurs de Souabe, n'a cessé de croître, avec
leur fortune, dans l'âme des Hohenzollern. Les Danois
du Slesvig septentrional avaient dans « l'Article V »
un « bon billet ».

Dès la première élection législative où ils prirent part, celle de 1867, ils « exprimèrent leur désir par un vote librement émis », en envoyant à Berlin deux députés qui déclarèrent : « Nous sommes Danois et nous voulons rester Danois ». Que fit le roi de Prusse ? Il obligea aussitôt les fonctionnaires du Slesvig, sous peine de révocation, à lui prêter serment de fidélité. Il l'exigea aussi des recrues, — sous la menace des fusils chargés, comme à Nordborg ; on les emprisonna, jusqu'à résipiscence, on les condamna aux travaux forcés pour de longues années ; il y en eut qui perdirent la raison. Voilà comment le roi de Prusse tenait sa parole. Il l'avait bien donnée « au nom de la très sainte et indivisible Trinité ». Mais qu'importe ! « Nous autres Allemands, claironnait Bismarck, nous craignons Dieu et hors lui rien au monde ». Puisqu'ils traitaient avec pareille désinvolture l'unique objet de leur « crainte », on juge bien que la promesse faite aux Slesvigois ne pesait guère à leur conscience. Car il y eut promesse d'exécuter « l'Article V », promesse qui pendant douze longues années fut renouvelée à plusieurs reprises par Bismarck.

Les intéressés y comptaient, et ils agissaient en conséquence.

Dans l'espoir de revenir au pays quand il serait rendu au Danemark, les jeunes gens émigrèrent en masse, surtout en 1870, pour échapper au service militaire prussien. De plus âgés s'en allèrent aussi. Jeunes ou vieux, il est parti du Slesvig près de 60.000 personnes, le quart de la population de langue danoise, emportant environ 120 millions de marks. En hommes comme en argent, c'était une perte désastreuse, une perte irréparable, provoquée à bon escient par la duplicité de la Prusse.

Parmi ceux qui restaient, beaucoup optèrent pour la nationalité danoise : c'était permis, par l'Article XIX du traité de Vienne, jusqu'au 16 novembre 1870. Conformément au même article, ils n'en croyaient pas moins conserver sous le régime prussien, en attendant l'exécution de « l'Article V », tous les droits de « l'indigénat ». Mais qu'elle eût été donnée à Vienne ou à Prague, le roi de Prusse ne se piquait pas de faire honneur à sa signature. Les optants se virent traités en étrangers, expulsables à merci. Quant à leurs enfants, par suite du désaccord entre la législation allemande et la législation danoise, ils se trouvaient « sans patrie », — comme on les appelle fort improprement, — c'est-à-dire sans droit de cité dans aucun état. Il n'est qu'un droit civique qu'on leur ait parfois reconnu en Prusse, et en le leur imposant : celui de servir dans l'armée prussienne.

Exode d'hommes et de capitaux, déchéance de milliers d'habitants au rang de métèques, quand elle eût obtenu ces beaux résultats en laissant miroiter aux yeux « l'Article V » pendant douze ans, la Prusse le biffa tout simplement en 1878, avec le consentement de sa cosignataire, l'Autriche, qui payait ainsi l'appui de Bismarck, à la conférence de Berlin, dans la question de Bosnie-Herzégovine : la casse et le séné, dans la circonstance, c'était d'un côté l'achèvement et de l'autre la préparation d'un crime de lèse-nationalité. Admirable exemple, en tout cas, de *deutsche Treue*, de *fides prussica !*

Voilà pour le « droit historique ». Il importe de le connaître, afin de ne pas se laisser prendre aux mensonges allemands, afin d'y voir clair dans la politique slesvigoise. Mais en soi, — devant le droit réel, le droit des peuples à disposer d'eux-mêmes, — il n'a précisément qu'une valeur historique. Ou, plutôt, si les traités entre souverains ne lient en rien les populations annexées sans leur consentement, ils créent des devoirs aux vainqueurs qui les ont signés.

A ces deux points de vue, les Allemands sont d'un tout autre avis : aux conquis toutes les obligations, aux conquérants aucune. Aussi se croient-ils sincèrement le droit de germaniser le Slesvig. Ils l'exerçaient déjà, il est vrai, bien avant l'annexion, — depuis des siècles.

II

LA GERMANISATION AVANT LA LETTRE

La population du Slesvig nous apparaît d'abord
comme purement danoise de langue et de sentiments.
Le sud, cependant, entre l'Eider et le rempart du Dane-
virke, était presque inhabité au commencement du moyen
âge et a été en grande partie colonisé par des Saxons,
qui parlaient bas-allemand. Entrés en possession de la
province entière, comme gage ou comme fief, les comtes
de Holstein y introduisirent une noblesse originaire de
leur pays, allemande par conséquent. Elle y resta, une
fois le duché dévolu au roi de Danemark, elle ne cessa
même de s'y accroître. A sa tête, au-dessus d'elle,
venaient les membres de la famille royale, nous l'avons
dit, qui avaient reçu dans le pays d'importants do-
maines, répartis à gauche et à droite, inextricable dédale
d'enclaves diverses : Oldenbourgs attachés ou revenus
par l'influence du milieu à leur nationalité première, ils
se montraient au moins aussi allemands que le reste,
en particulier les plus puissants, les Gottorps et les
Augustenbourgs. Toute cette aristocratie, dont on
tenait à s'assurer la fidélité, jouissait d'ordinaire de la
faveur royale et de privilèges étendus. Elle faisait la loi,

elle donnait le ton. C'est ainsi qu'a commencé la germanisation du Slesvig, sous la protection, peut-on dire, des souverains danois.

Même après 1721, il formait avec le Holstein, au point de vue gouvernemental, un tout distinct : douanes sur la frontière du « Royaume » (danois), monnaie à part, ministère spécial, à Copenhague, sous le nom bien caractéristique de « Chancellerie allemande » (« Chancellerie slesvig-holsteinoise » après 1806), Université allemande à Kiel, rien n'y manquait. L'allemand était partout la langue de l'administration et de la justice. De l'église aussi et de l'école, depuis la Réforme, excepté dans les campagnes du Slesvig septentrional ; pasteurs et surtout évêques venaient même bien souvent de la patrie de Luther.

Dans la bouche des ouvriers et des paysans, des humbles, qui continuaient à le parler entre eux, le danois ne pouvait laisser de se réduire à un patois pauvre et grossier, terre à terre, sans expressions pour les choses de l'esprit, pour les conceptions politiques, sociales ou religieuses. Comment le peuple ne se serait-il pas habitué à regarder l'allemand comme un idiome supérieur, comme le verbe noble et sacré ? C'est là qu'on en vint à la longue, dans certaines régions du moins, dans le sud du Slesvig, où s'imposait plus fortement l'influence allemande, où pesait avant 1804 un servage abrutissant.

Ailleurs, au contraire, on résistait à la germanisation avec la ténacité proverbiale des Jutlandais. L'entêtement de ces ouailles exaspérait leurs étranges pasteurs. Les pauvres gens s'entendaient traiter en chaire de « mauvais chrétiens », « d'impies », et agonir d'injures quelquefois difficiles à traduire : « N'ai-je pas cherché, valetaille de Satan, tisons d'enfer, n'ai-je pas cherché à vous apprendre l'allemand ? Peine perdue ! Ces valets de Satan ne démordent point de leur absurde langue danoise, chez eux, entre eux, partout... Butors, rustres, ânes bâtés, stupides bestiaux ! » Ainsi prêchait à Hyrup, dans la première moitié du XVIIIe siècle, Christoph Heinrich Fischer. Quant aux enfants, pour mieux leur inculquer l'idiome étranger, on les battait.

Plusieurs fois, désespérés de ne pouvoir au moins recevoir « les consolations de la religion » dans une langue qui parlât à leur intelligence et à leur cœur, les paysans osèrent adresser au souverain des plaintes respectueuses, mais déchirantes. Sans grand résultat, semble-t-il. D'ailleurs, « la Chancellerie allemande », intermédiaire forcé entre le trône et le peuple, veillait.

En 1807, Frédéric VI ordonna enfin de rédiger en danois aussi bien qu'en allemand les documents officiels concernant le Slesvig et le Holstein. La Cour Suprême de Gottorp n'en tint pas compte. En 1810, le même roi prescrivit une enquête sur la nécessité d'employer le danois comme langue officielle en certaines parties de la province. Les réponses des autorités locales sont édifiantes par les allégations mensongères dont elles sont émaillées. Il n'en ressortait pas moins qu'il y avait intérêt à prendre les mesures proposées. Que fit la « Chancellerie allemande » ? Quand elle reçut cette liasse de rapports, en 1811, elle se contenta d'y inscrire cette note d'une concision éloquente : *Wegzule-gen* (à classer). Le roi n'en entendit jamais parler, sans doute, et pendant les vingt-neuf ans qu'il régna encore il ne s'occupa jamais plus de la question.

Ce n'est pas d'en haut que devait partir la réforme, mais d'en bas. Petits commerçants et paysans, aidés par deux professeurs de l'Université de Kiel, réussirent, malgré toutes sortes d'obstacles, à fonder en Slesvig des journaux danois, à faire entendre la langue du pays dans les États provinciaux, à organiser les manifesta-tations grandioses du Skamlingsbanke, où jusqu'à 12.000 personnes se réunirent en plein air pour pro-clamer que le Slesvig était bien danois. En 1844 s'ou-vrait à Rödding, dans le nord de la province, la pre-mière « école populaire supérieure » du Danemark. C'était un peuple qui se réveillait à la conscience de sa nationalité et qui affirmait sa résolution de la faire triompher.

En 1850-51, seulement, le danois était enfin adopté dans le nord du Slesvig comme langue de l'église, de l'école, de l'administration et de la justice. Dans le sud, ainsi qu'à Flensbourg, c'était l'allemand. Quant au Slesvig moyen, qui était danois de langue, mais alle-mand de cœur, il formait ce qu'on appelait « les districts mixtes » : les offices religieux se célébraient tour à tour en danois et en allemand ; baptêmes, confirmations, mariages, enterrements, etc., avaient lieu en danois ou en allemand, au gré des intéressés ; devant les tribu-naux, également, on pouvait choisir entre les deux langues ; dans les écoles, l'enseignement se donnait en

danois, mais avec quatre heures d'allemand par semaine. Voilà ce qu'en Allemagne et parmi les Schleswig-
Holsteinistes on a qualifié, on qualifie encore aujour-
d'hui de tyrannie sans égale. Toujours la paille et la
poutre !

Dans une grande partie des « districts mixtes », — par
suite de l'habitude qu'on avait peu à peu contractée de
regarder l'allemand comme la langue de la religion, du
droit, du gouvernement et de l'école, — à cause de la
persuasion inculquée à beaucoup par les Allemands que
le dialecte du pays n'était pas du danois et que la race
en tout cas était d'origine allemande, — sous l'influence,
enfin, du séparatisme schleswig-holsteiniste et de la haine
contre le Danemark, — on protesta. Non seulement en
paroles, mais en action : les parents s'imposèrent de
parler tant bien que mal bas-allemand à leurs enfants.
Ainsi le danois, qui au commencement du siècle dernier
s'étendait encore jusqu'à la Sli, dans les campagnes au
moins, a reculé de plus en plus vers le Nord.

Dans le Slesvig septentrional, au contraire, les habitants n'ont jamais cessé de parler avec une pieuse fidélité la langue de leurs ancêtres. C'est là qu'à partir de
l'annexion les Allemands ont recommencé à la pour-
suivre avec un acharnement croissant.

Ces attaques viennent du gouvernement impérial et
royal, des autorités locales, des Allemands immigrés et
des Slesvigois germanisés.

Pour se défendre, les Danois du Slesvig ont leurs
représentants au Reichstag allemand et au Landtag de
Berlin, quelques voix aussi dans les Assemblées provin-

ciales, départementales ou communales, ainsi que des associations fortement organisées.

Attaques et défense, voilà presque toute la vie politique en Slesvig. Quels sont de part et d'autre les principes et leur application? Quels sont les résultats? Voilà ce qui nous intéresse.

III

« VOX POPULI »

Sur les 400.000 habitants que comptait le Slesvig au moment de l'annexion, 190.000 parlaient danois et 170.000 allemand (ou frison) ; le reste était bilingue. Pour décider de la nationalité, il ne faut pas s'en rapporter uniquement à ces chiffres : par la langue, Tönder (Tondern) était danois, Flensbourg allemand ; mais au point de vue des sentiments, c'était l'inverse. Dans la province entière, il y avait probablement à peu près autant de « Danois » que « d'Allemands », et même, — indépendamment de minorités plus ou moins insignifiantes, — avec une ligne de démarcation bien nette, qui allait de Flensbourg à Tönder, en faisant un crochet vers le sud.

C'est ce que montrèrent dès 1867, malgré les circonstances contraires aux « Danois », les élections à l'Assemblée Constituante et à la Diète de la Confédération de l'Allemagne du Nord : aux premières, en janvier, il y eut deux élus de chaque côté ; aux secondes, en avril, les « Danois » eurent même un faible avantage dans le nombre des voix, — 25.598 contre 24.664, — mais ils ne conservaient plus qu'un seul député sur quatre. C'est

qu'entre temps, par une adroite « géométrie électorale »,
on avait remanié les deux premières circonscriptions,
de manière à assurer dans la seconde, bien qu'à grand'
peine, la majorité au candidat « allemand ». Une fois
seulement depuis lors, en 1881, c'est-à-dire quatorze
ans plus tard, les « Danois » y reprirent le dessus : l'ac-
tif et sympathique Gustav Johannsen réussit à s'y faire
élire. Mais il était battu aux élections suivantes : un
candidat socialiste, le premier depuis 1877, contribuait
à son échec en lui enlevant nombre de voix. La première circonscription, au contraire, envoie depuis l'annexion un représentant « danois » au Reichstag (de
l'Allemagne du Nord jusqu'en 1871, et ensuite de l'Empire allemand).

Les élections au Landtag prussien, avec leur scrutin
public, avec leurs deux degrés et leurs trois classes
d'électeurs primaires, sont naturellement loin de favoriser les « Danois »[1] ; elles donnent lieu, en outre, à
toutes sortes de manigances et manipulations.

Par le scrutin public on tient les fonctionnaires, qui
pullulent, et tous ceux qui dépendent d'un propriétaire
ou patron « allemand ». A quel point cette influence

[1]. On dresse pour chaque circonscription la liste des électeurs primaires, en partant du plus imposé, d'après le chiffre de leurs contributions directes. En suivant l'ordre ainsi établi, on les répartit en trois
classes représentant chacune le tiers du chiffre total des contributions
et nommant chacune le tiers des électeurs secondaires, ou directs. Où
l'on aboutit, en voici un exemple : dans une des circonscriptions de
Berlin, en 1898, la première classe se composait d'un seul électeur primaire, M. Mendelsohn-Bartholdy (216 666 mk. 20 de contributions
directes), et la seconde de deux, proches parents l'un et l'autre de ce
riche banquier ; ces trois personnes nommaient donc quatre des six
électeurs secondaires — et par conséquent le député. Inutile de montrer
combien pareil système est défavorable aux « Danois » du Slesvig,
presque tous cultivateurs, ouvriers ou petits commerçants.

peut aller, même parmi des personnes assez bien situées,
voici qui en donne la preuve. Il y a quelque temps, le
préfet d'Aabenraa (Apenrade) demandait au Conseil
général de lui payer une automobile. Vote secret :
onze « non », *sept* « oui ». Immédiatement, on réclame
le scrutin public : *six* « non », *douze* « oui ». Le tout en
cinq minutes. C'est beau.

Quant aux trois classes, les autorités truquent et
fraudent sans pudeur. Deux exemples tout récents
(1913) : dans une commune du département d'Aabenraa,
on avait simplement oublié sur les listes l'électeur le
plus imposé et interverti les places entre le dernier de
la première classe et le premier de la deuxième, si bien
que la première se composait en majorité « d'Allemands »; dans une autre commune, par suite d'une
« erreur » dans le chiffre des impôts, la deuxième classe
comprenait trois « Danois » et quatre « Allemands »,
alors que ce devait être l'inverse. Pour faire monter
d'une ou deux classes les fermiers « bien pensants »,
on s'est pendant quelque temps avisé d'ajouter à leurs
impôts personnels ceux de la propriété, qui comptaient
aussi pour le propriétaire. On a même recours parfois à
des procédés plus énergiques encore. Afin d'enlever le
droit de vote à tel « Danois » qui figure dans la première classe, on le déclare optant. Est-il optant, on
l'expulse comme indésirable, et l'on tâche de faire acheter sa terre par un « Allemand ». Il va sans dire qu'à
chaque instant la « géométrie électorale » entre en jeu.
Cependant, sur les sept députés du Slesvig au Landtag,
les « Danois » en nomment deux depuis l'annexion.

Bismarck déclarait que le système électoral du Landtag prussien était « le plus misérable » du monde. Il se trompait : il y en a un pire, celui des Conseils généraux (*Kreistage*) dans le Nord du Slesvig. Le cens électoral varie d'un département à l'autre, d'une élection à l'autre, — dans l'intérêt des « Allemands », bien entendu. Géométrie électorale, maquillage des listes, « fabrication » ou expulsion d'optants, on s'en donne à cœur joie.

Il en est de même, d'ailleurs, des conseils municipaux. Les fonctionnaires, par exemple, fournissent une bonne partie des électeurs, la moitié environ à Haderslev (Hadersleben). Aussi n'est-il pas étonnant que par leur administration les villes semblent tout à fait allemandes.

Pour parer à toutes ces difficultés auxquelles ils se heurtent, les « Danois » ont créé en 1888 une « Ligue des Électeurs ». Elle a pour but de proposer et de soutenir les candidats, de vérifier les listes à temps et d'exiger les rectifications nécessaires, de s'opposer aux radiations injustifiées, d'instruire les électeurs de leurs droits et de leurs devoirs, d'empêcher les abstentions, d'encourager et de protéger les hésitants. Elle rend de grands services. L'Oberpräsident von Köller, dans la honteuse « période » qui porte son nom (1898-1903), a cherché à la dissoudre en frappant son président et son bureau d'amendes formidables. Elle a résisté à l'orage.

Dans les élections au Reichstag et au Landtag, le nombre des voix « danoises », après avoir baissé peu à peu, tomba brusquement entre 1878 et 1888 : les vides causés par le départ des jeunes ne s'étaient pas comblés, et les vieux disparaissaient. Depuis cette néfaste période, au contraire, la courbe remonte, — à part un léger fléchissement, il y a une dizaine d'années, — avec une accélération lente, mais pourtant sensible. Aux derniers scrutins, entre autres, il y a eu un progrès notable.

Jetons maintenant un coup d'œil sur la tactique parlementaire des députés « danois » au Reichstag et au Landtag. Longtemps elle n'eut pour base que « l'Article V », pour arme que la protestation pure et simple.

Pour siéger au Landtag, il leur eût fallu prêter serment de fidélité au roi de Prusse : ils s'y refusaient, et leurs places restaient vides. Krüger, le premier représentant du Slesvig danois aux deux assemblées, ne voulut jamais en démordre, même après que la Prusse eût renié sa promesse avec l'assentiment de l'Autriche. Il y a dans cette fermeté inébranlable, sinon beaucoup d'utilité pratique, au moins une grande noblesse.

Au Reichstag, en revanche, Krüger ne manqua jamais de paraître et de prendre la parole chaque fois qu'un projet de loi lui donnait l'occasion de montrer qu'à ce point de vue le Nord du Slesvig se trouvait dans une situation à part à cause de « l'Article V ». Cet « Article V », il réussit même, avec l'appui du Centre, à en faire inscrire l'exécution à l'ordre du jour (19 avril 1877). Sa persistance à la réclamer avait produit sur beaucoup de ses collègues une certaine impression. « Je vote pour le projet Krüger, dit par exemple le député de Lippstadt (Westphalie). Il est pénible de voir revenir tous les ans cette motion, ou interpellation, parce qu'elle se fonde sur un certain droit ». Conclusion : il espère que si l'on ne peut s'entendre avec l'Autriche pour annuler la clause en question, on s'arrangera pour empêcher Krüger de remettre les pieds dans cette salle, d'y continuer son cours sur « l'Article V ». Le projet échoua, naturellement.

Krüger remettait bien à tout bout de champ son « Article V » sur le tapis, quelquefois dans les circonstances les plus imprévues. Un jour qu'on discutait une loi pénale, il proposa l'addition suivante à l'article concernant le blasphème : on se rend coupable de ce crime en contribuant à l'inexécution d'un traité conclu au nom de la Sainte Trinité[1]. Le gouvernement, un peu embarrassé, lui offrit de négocier avec lui sur sa « cause », s'il voulait retirer cette motion. Il refusa, et déclara que si l'on repoussait l'addition proposée, il en demanderait une autre, celle-ci : « Le blasphème est autorisé dans l'empire allemand ». Il est surprenant qu'à cette occasion on ne l'ait pas incarcéré pour crime de lèse-majesté.

Il avait déjà fait connaissance avec les prisons allemandes : en 1870, après la déclaration de guerre, on vint l'arrêter chez lui comme suspect, — suspect de quoi ? — et on le conduisit avec d'autres « Danois » à la forteresse lointaine de Lötzen, — sur la frontière russe, — où il subit trois mois de dure captivité[2].

Dès avant sa mort (1881), le Slesvig s'était partagé en deux camps : jureurs et non-jureurs, partisans d'une politique « réaliste » et partisans de la politique protes-

1. Comme le traité de Prague, avec son Article V (V. pp. 13 et 14).

2. Au début de la guerre actuelle, la Prusse a jeté en prison environ deux cents slesvigois : les chefs du parti danois, les journalistes, etc. Elle les a relâchés peu à peu.

talaire. L'agitation augmenta encore, en 1882, quand l'un des deux députés au Landtag eut prêté serment au roi de Prusse. Ces querelles intestines menaçaient d'aggraver la situation. Mais la paix se fit. La politique réaliste triomphait. A partir de ce moment-là, on ne proteste plus, on agit. On combat les mesures oppressives et l'on s'appuie sur les lois pour défendre énergiquement la nationalité danoise en Slesvig. Telle a été, sous des formes variables, la tactique des trois derniers députés au Reichstag.

C'est d'abord Gustav Johannsen († 1901). Par son éloquence tour à tour humoristique et passionnée, par sa largeur de conception et son bon sens clairvoyant, par son adresse à manier le danois, le haut allemand et le *plattdeutsch*, par sa prestance et par le feu de son regard, par sa physionomie éclairée de bonne humeur et de foi communicatives, par son admirable présence d'esprit, par son entregent, par la vie puissante qui débordait de toute sa personne, il gagnait et entraînait les cœurs.

Il y a un rythme dans l'évolution politique, comme dans toutes les autres. Sans retourner à la stérile protestation d'autrefois, J. Jessen († 1906) n'a cessé de manifester dans son appel au droit pur l'intransigeance la plus radicale, la plus inflexible, servie à merveille par une intelligence aiguisée et cultivée, — épée d'un acier, d'une façon, d'une trempe, d'un éclat peu communs, — en même temps que par une rare distinction d'esprit, de sentiment et de manières, mais aussi par la fougue du soldat chargeant tête baissée, à travers obstacles et projectiles, en véritable paladin du patriotisme.

En M. H. P. Hanssen, par une nouvelle oscillation du balancier, nous trouvons au contraire le champion accompli de la politique « réaliste », celle qui prend pour unique base d'opération la situation actuelle. Par ses traits et par son caractère, il rappelle un autre Scandinave, M. Fridtjof Nansen, l'explorateur des régions arctiques : il s'y décèle une ardeur concentrée et vivace, maîtresse de soi, une énergie calme, raisonnée et souple autant que ferme, un talent d'organisateur qui voit et prévoit les obstacles pour les surmonter par la vigueur d'un enthousiasme réfléchi et d'une dialectique aussi mordante que solide.

Tout différents qu'ils soient de nature et de formation, ces trois hommes se valent par la hauteur d'âme, par la passion de la justice, par l'amour de la patrie, par l'activité infatigable, par les services rendus. Ils se ressemblent aussi par leur courage à affronter et à supporter les épreuves : ils ont passé de longs mois en prison, J. Jessen surtout, qui, on peut le dire, y a gagné la mort.

Avant ou en même temps qu'au Reichstag, ils avaient soutenu au Landtag les droits de leur peuple Dans cette assemblée, il faut signaler encore M. Julius Nielsen, esprit net et pratique, rompu au maniement des affaires, qui fut le digne compagnon d'armes de M. H. P. Hanssen. Ils y sont remplacés aujourd'hui, l'un et l'autre, par les représentants d'une génération plus jeune, au patriotisme plus bouillant, mais tout aussi prudent au besoin : M. Kloppenborg-Skrumsager, robuste et bon géant à la poigne solide, et M. Nis Nissen, diplomate souriant et fin, qui se complètent très utilement dans cette guerre presque sans trêve.

Sans trêve aucune, plutôt : langue maternelle à l'école, à l'église et dans la vie de tous les jours, deniers publics et argent des caisses d'épargne gaspillés au profit de la germanisation, intérêts des industriels ou commerçants boycottés par ordre, droits des optants et des « sans-patrie », droits des parents eux-mêmes, conscience des enfants, sol paternel enfin, voilà ce que dans le Nord du Slesvig il faut constamment défendre.

IV

LA LANGUE MATERNELLE

La Prusse s'était engagée à respecter en Slesvig « les particularités compatibles avec l'intégrité et la sécurité du royaume ». Voilà qui s'applique, semble-t-il, à la langue maternelle. Le gouvernement l'a reconnu : à plusieurs reprises, il a déclaré qu'il n'avait aucunement l'intention de rien entreprendre contre l'usage du danois. Comment s'expliquer, alors, que depuis la conquête il s'acharne à l'extirper ? C'est qu'il faut traduire : nous n'avons rien contre la langue danoise, — pourvu qu'elle ne se parle pas, pourvu surtout qu'elle ne s'enseigne pas.

Il faut pourtant reconnaître qu'au début on ne l'a nullement traquée. Dans les districts mixtes, il est vrai, on l'a bannie dès 1864, en pleine guerre, de l'église et de l'école, aussi bien que de l'administration et des tribunaux. Mais dans le Nord du Slesvig on l'avait conservée comme langue de la religion et de l'enseignement primaire, on en permettait même l'emploi dans les rapports écrits avec les autorités locales. Cette tolérance, qui semblait justifier l'espoir des Slesvigois en l'Article V, ne devait pas durer. Peu à peu, ou plutôt par une série

d'à-coups, en 1871, en 1878, en 1888 et en 1908, par
exemple, on l'a expulsée de presque partout ; on la
poursuit comme subversive. Pourquoi ? « Si nous l'avons
d'abord traitée avant tant d'indulgence et même de pré-
venance, allègue-t-on, c'était dans la conviction qu'on
nous en saurait gré, qu'on nous en tiendrait compte.
Puisqu'il n'en est rien, il ne nous reste qu'à sévir. »
Traduisez : nous ne demandons pas mieux que de laisser
aux Slesvigois leur langue maternelle, — mais à condition qu'ils y renoncent.

Parmi les six à huit cents fonctionnaires révoqués en
1864, il n'y avait relativement que peu d'instituteurs.
En 1867, cinquante environ, la plupart dans l'ouest,
refusèrent de prêter serment au roi de Prusse et furent
congédiés sans pension. Les autres, bien que presque
tous Danois de sentiments, préférèrent se soumettre : ils
tenaient à rester, les uns par intérêt, le plus grand
nombre par amour du sol natal et par devoir patriotique
envers leurs élèves. L'école normale primaire de Tönder
(Tondern) comprit encore assez longtemps une section
allemande et une section danoise. L'enseignement primaire officiel continua donc sans trop de peine à se
donner dans la langue maternelle, à la campagne du
moins : dans les villes, elle était supplantée par l'allemand. Quant à l'enseignement secondaire, il fut tout de
suite germanisé. Mais l'État laissa créer, par exemple,
quatre écoles réales et quatre écoles populaires supérieures, toutes danoises, toutes rapidement florissantes.

De tout cela, aujourd'hui, il ne reste rien.

C'est après la guerre de 1870-71, date significative,

que commence la chasse à la langue maternelle : le danois, — de même qu'ailleurs le polonais, — n'est plus admis dans la correspondance entre les habitants et les autorités locales (loi du 28 avril 1876) ; on procède par degrés à la fermeture des écoles privées danoises ; on introduit dans l'enseignement primaire officiel six à dix heures d'allemand par semaine (1er novembre 1871). « Quant à la nationalité et à la langue maternelle des intéressés, prétendait-on hypocritement, cette mesure ne les concerne en aucune façon ». En 1878, quelques mois avant de renier l'Article V, on reniait en pratique les engagements pris envers la langue maternelle des écoliers : elle était remplacée par l'allemand dans l'enseignement de l'histoire, de la géographie, du calcul, de la grammaire et des sciences naturelles. En 1888, on lui portait le dernier coup, ou à peu près : par un décret illégal, comme l'a démontré en plein Reichstag M. Hänel, professeur à l'Université de Kiel, on la supprimait absolument des programmes, à part quatre heures d'instruction religieuse.

En même temps, la dernière école privée danoise disparaissait. Il n'y a rien dans le code prussien qui défende d'en ouvrir. Mais pour que l'autorisation puisse être accordée, il faut que « le besoin s'en fasse sentir » et que l'impétrant « présente des garanties suffisantes au point de vue de la moralité et des sentiments politiques » : il se trouve, naturellement, que ce n'est jamais le cas.

Dans les écoles de l'État, où ils doivent parler allemand à des enfants qui ne savent pas cette langue, les maîtres sont parfois bien embarrassés. Telle cette institutrice qui traduisait en danois, pour des commençants, quelques mots de leur syllabaire. Tout à coup, elle voit entrer, furieux, un inspecteur qui écoutait à la porte : « Pas de danois ici ! » — « Mais s'il ne comprennent rien à ce que j'enseigne ? » — « Il faut les traiter comme des sourds-muets ». En récréation, l'allemand est obligatoire : tout mot danois entraîne une réprimande, sinon une punition ou même des coups, et quelques petits mouchards tudesques se chargent d'espionner leurs camarades. Il se rencontre même hors de l'école des âmes charitables qui, par sentimentalité allemande, sans doute, s'offrent à remplir ce rôle d'aide-bourreau. A Graasteen (Gravenstein), tout récemment, un commis-voyageur de passage rudoyait deux enfants qui parlaient danois dans la rue et menaçait de les dénoncer à qui de droit.

Un jour, dans un compartiment de chemin de fer, j'entre en propos avec un paysan et son fils, tout jeune encore : « Malgré tout, dit avec fierté le brave homme, il sait lire et écrire le danois, comme ses frères et sœurs ». Je tire de ma poche une petite histoire illustrée du Danemark. L'enfant explique avec joie les images et se met à lire. Mais à chaque mot il jetait un regard furtif et inquiet vers un voyageur qui, seul dans son coin, ne se mêlait pas à la conversation. Le pauvre bambin avait peur de l'inconnu. En effet, quand je lui donnai ensuite un journal allemand, il lut sans lever les yeux. Il m'est arrivé une autre fois, sur une route déserte, de demander mon chemin à un petit campagnard. Il me regarde en souriant, la figure épanouie, mais sans souffler mot. Je répète ma question : même silence. Surpris, je continue en allemand : « Est-ce que tu ne comprendrais pas le danois ? » — « Oh ! si, répond-il en cette langue, mais — et il éclate en sanglots — ne le dites pas à l'instituteur ».

Ces enfants, dont le père ou le grand-père a risqué sa vie et peut-être versé son sang pour défendre le Slesvig danois contre l'invasion allemande, on les oblige sous la menace des châtiments, sous les coups, à réciter des mensonges outrageants pour leur véritable patrie, à chanter les insultantes chansons patriotiques du vainqueur : « Je suis Prussien », « Schleswig-Holstein enlacé par la mer », « L'Allemagne au-dessus de tout au monde », etc.

Ce n'était pas assez que de les tenir sous la férule jusqu'à la confirmation, c'est-à-dire jusqu'à leur quatorzième ou quinzième année ; on a commencé à instituer pour eux des cours du soir, obligatoires jusqu'à l'âge de dix-huit ans. On cherche, en outre, à les attirer dans des écoles populaires supérieures et autres officines de germanisation.

Seule, depuis 1888, l'instruction religieuse se donne encore en danois : quatre heures par semaine. Mais il n'en faut pas moins assister en outre à deux heures d'instruction religieuse en allemand. Depuis 1899, l'élève peut s'en tirer, en renonçant au danois, avec quatre heures par semaine, quatre heures d'allemand. Cette amorce, beaucoup de parents y mordent : deux heures de moins par semaine à l'école, et deux heures de travail ingrat, — car les instituteurs, ennemis officiels

du danois, ne le savent pas très bien, en général, — voilà
au moins un prétexte pour renoncer de ce côté à la lutte,
pour aider à parfaire la germanisation de l'enseignement.
Par tous les moyens, possibles et impossibles, les autorités exercent une odieuse pression pour décider les
récalcitrants.

Il serait trop long de raconter l'histoire lamentable
des nombreuses pétitions que les Slesvigois ont envoyées
à l'Oberpräsident, au Landtag, au ministère, pour obte-
nir qu'on rétablisse dans les écoles l'enseignement du
danois. « Dans l'intérêt de la religion, de la foi et de la
morale chrétiennes, que met en danger une connaissance
imparfaite de la langue de l'église », les pasteurs eux-
mêmes demandent qu'on enseigne le danois deux heures
au moins par semaine. Dans une assemblée tenue à
Flensbourg en 1893, 77 sur 100 signèrent une supplique
en ce sens, à l'adresse de l'Empereur. Ils prièrent en
vain leur évêque, M. Kaftan, de présider la députation
chargée de la remettre en main propre. Ni le souverain
ni le ministre des Cultes n'accordèrent d'audience. Le
ministre reçut à titre privé le porte-parole, M. le doyen
Reuter, pour lui apprendre que les nouveaux règle-
ments ne nuisaient pas à la vie religieuse et qu'on ne
les modifierait point. Les pasteurs se le tinrent pour dit
et renoncèrent à s'occuper de la question. « Nous
avons la réponse du gouvernement, dit M. le doyen
Reuter au synode du doyenné de Sönderborg (Sonderburg), et il n'y a plus pour un fonctionnaire que
ces deux alternatives : ou bien il déclare qu'il ne
peut ni ne veut suivre le gouvernement, et il donne

sa démission ; ou bien il reste en fonctions et obéit au gouvernement. C'est le second parti que nous avons adopté, nous autres pasteurs, dans le doyenné de Sönderborg. »

Les réponses de l'autorité à ces pétitions, quand elle daigne en donner une, méritent d'être citées. Tantôt, « le patois du Slesvig n'a rien à voir avec le danois littéraire ». Tantôt, « le danois de l'église, de la Bible, le seul qui importe, ne ressemble pas du tout au danois littéraire ». Tantôt, « les enfants savent si bien le danois que pour le comprendre sous sa forme écrite ils n'ont aucun besoin de l'étudier ».

Les pasteurs de la région intéressée, en grande majorité du moins, sont loin de partager ces avis. Ils ont peu à peu réussi à convaincre nombre de leurs confrères. Quand on lui demanda de solliciter une légère réforme, en faveur du danois, auprès du consistoire et du ministre, le synode provincial de Slesvig-Holstein décida bien en 1894, par 66 voix contre 23, de passer tout simplement à l'ordre du jour; mais en 1912 il daigna mettre la proposition aux voix et ne la rejeta que par 42 contre 40, qui comprenaient celle des deux évêques. Elle aurait été adoptée si le pasteur-doyen d'Aabenraa (Apenrade) n'avait pas voté contre, en invoquant cette étrange raison : « Les Slesvigois ont parfaitement droit à l'enseignement de leur langue maternelle dans les écoles; mais puisqu'ils le demandent au nom de la religion, je m'y oppose. »

Pour l'étude et la culture de cette langue maternelle, les « Danois » du Slesvig sont donc réduits à leurs propres moyens. Ils ont fondé à cette fin nombre d'associations. Les deux plus importantes sont la « Ligue pour le maintien de la langue maternelle » et la « Ligue scolaire ».

La première existe depuis le 10 octobre 1880. Elle possède environ 170 bibliothèques indépendantes, sans compter leurs succursales. En 1911, elle avait réparti entre elles plus de cent mille volumes. En outre, elle distribue aux particuliers une moyenne de 8.800 volumes ou brochures par an, — aux enfants, par exemple, des livres de classe, tels qu'histoires saintes, histoires universelles, histoires du Danemark, géographies, histoires naturelles, exercices de rédaction, recueils de chansons, etc., mais surtout des syllabaires et des livres de lecture, sans parler de livres d'images avec texte, de journaux illustrés pour l'enfance, en particulier à l'occasion de Noël et de la confirmation. Elle corrige des devoirs de danois et récompense les meilleurs par des prix, qui consistent aussi en livres danois [1].

Elle publie tous les ans un *Almanach* illustré, qui se tire à plusieurs milliers d'exemplaires. Elle a répandu à profusion, pour un prix modique, un recueil de chants danois ou scandinaves, le *Livre Bleu*, véritable trésor de poésie. Nombre de ces chansons, même des cantiques, ne peuvent se chanter sans entraîner une amende. Plusieurs ont dû être supprimées dans le *Livre Bleu*, où leur place reste en blanc. L'expert du gouvernement, un professeur de Haderslev (Hadersleben), M. Schröder, aurait même voulu en faire disparaître davantage :

1. En 1913, elle a réparti 7.635 volumes entre les 170 bibliothèques, distribué 22.376 livres et donné 3.449 « prix ».

toutes celles où figure un des mots « Danemark », « danois », « patrie », « pays natal », etc., où il est question du beau temps après la pluie, de l'aspiration des âmes chrétiennes vers le ciel, du papillon échappé de sa chrysalide, que sais-je encore !

Les deux bibliothèques centrales de la Ligue, celle d'Aabenraa (Apenrade) et de Flensbourg, sont relativement très riches. Les registres des prêts montrent qu'on en profite largement dans toutes les classes de la société. Elles rendent donc de grands services, non seulement au point de vue de la nationalité danoise, mais davantage encore au point de vue de la culture intellectuelle. Les Slesvigois du Nord sont bien supérieurs en intelligence et en instruction à leurs compatriotes germanisés du pays d'Angel. Cela se comprend : l'adaptation d'une race à une civilisation étrangère recule ou tout au moins retarde pour plusieurs générations le développement de son esprit ; ce n'est point sans troubles, plus ou moins graves, que le cerveau s'accommode à son nouveau moule. Au contraire, l'amour de la langue maternelle et de la patrie perdue pousse à les étudier avec une ardeur infatigable ; puisant leur sève dans le sol natal, les facultés poursuivent leur progrès normal et s'épanouissent.

J'ai trouvé chez les paysans du Slesvig septentrional une largeur de vue, une délicatesse de sentiments et surtout des connaissances qu'on chercherait en vain dans les campagnes des autres pays. Ils lisent de gros ouvrages d'histoire, d'archéologie, d'éthique. Ils appliquent à l'agriculture et à l'élevage les méthodes les plus récentes. Comme je disais à l'un d'entre eux que les soirées de juillet et d'août m'avaient semblé plus chaudes à Copenhague qu'à Paris : « C'est vrai, observa-t-il, nous avons un climat tout à fait maritime, tandis que celui de Paris est déjà continental. » — « Mais alors, s'écriait un autre en apprenant que je suis Normand, mais alors nous sommes cousins par les Vikings ! » Enfin, tous ceux avec lesquels je me suis entretenu, l'élite, il est vrai, parlent le danois avec une pureté qui m'a permis de les comprendre sans peine.

Cette instruction et cette éducation, ils les puisent en grande partie dans les écoles populaires supérieures, les écoles d'agriculture et autres écoles du Danemark. C'est pour permettre aux jeunes gens sans ressources d'en profiter, en leur distribuant des bourses, que s'est fondée le 30 novembre 1892 la Ligue scolaire du Slesvig septentrional. En vingt et un ans, elle a recueilli à cette fin 375.000 marks et aidé de ses deniers 5.673 personnes des deux sexes. Elle avait aussi à l'origine des instituteurs ambulants, qui allaient de maison en maison enseigner le danois aux enfants : le gouvernement y eut bientôt mis le holà.

Il va sans dire que sous le régime Köller ces deux associations se sont vu frapper d'amendes : environ 20.000 marks chacune. Les tribunaux, il est vrai, les ont presque toutes levées. A coups d'amendes, également, les autorités ont cherché à dissoudre les sociétés d'agriculture, simplement parce qu'elles se composent de « Danois » et ont pour langue le danois. Résultat : toutes ces associations sont plus fortes que jamais, plus florissantes.

On a cependant jugé nécessaire, pour parer à toute éventualité, de créer un « Fonds de fer ». Institué en 1902, sur la proposition de M. Julius Nielsen, il se monte aujourd'hui à environ 70.000 marks.

La presse « danoise » du pays contribue aussi, et très largement, à entretenir l'usage de la langue maternelle. Par le décret de 1888, sur la suppression du danois dans les écoles, on comptait bien lui enlever peu à peu son public. Tous ses rédacteurs, malgré leur modération et leur véracité, ont subi amendes et prison. Ces persécutions ont produit leur effet : le tirage quotidien de ces journaux, qui n'était que de 7.000 exemplaires en 1888 et de 14.000 en 1902, s'élève maintenant à plus de 21.000.

Enfin, les « Danois » ont fondé un cours de sciences politiques et sociales (Aabenraa, 1909), des cours d'agriculture, des sociétés de conférences, des associations de jeunes gens, un secrétariat du travail, etc., etc.

Le gouvernement s'efforce de toute manière, même en violant ou en tournant les lois, d'arrêter ou d'entraver l'activité des groupements « danois ». Souvent on dissout les réunions : tantôt, par exemple, on a allégué que la salle était éclairée au pétrole, — bien que ce fût en plein jour ; tantôt, que les assistants étaient « venus en armes », contrairement aux lois, parce qu'ils avaient apporté leurs cannes. Même si les tribunaux déclarent ensuite la mesure illégale, le tour n'en est pas moins joué et il ne s'en répète pas moins coup sur coup. On a brutalement appréhendé et jeté en prison des jeunes filles qui enseignaient la gymnastique — en danois. On a expulsé des gymnastes danois, des conférenciers et des acteurs danois ou norvégiens, de simples touristes danois.

On en veut à mort aux sujets prussiens de langue et de sentiments danois, surtout aux « chefs », de ne pas se laisser prendre aux pièges qu'on leur tend, de glisser à travers les mailles pourtant serrées de la législation, et on les frappe indirectement. M. Julius Nielsen a vu arrêter devant sa porte un de ses gendres, l'historien danois H.-V. Clausen, à qui on a donné quelques heures seulement pour évacuer à jamais le territoire allemand.

La proscription ne cesse de menacer l'idiome maternel dans ses derniers retranchements. En Allemagne, par la loi du 19 avril 1908, l'usage d'une langue autre que l'allemand n'est plus toléré pour les réunions publiques que jusqu'en 1928, et seulement dans les départements où elle est parlée par plus de 60 p. 100 des habitants.

Pendant longtemps, d'ailleurs, l'une des plus grandes difficultés, pour les Slesvigois, était de trouver où se réunir. Les hôteliers et les aubergistes, dans la crainte justifiée de se voir retirer leur licence, refusaient de les recevoir. Les tentes, — on y a eu recours, — ne donnent qu'un abri incommode et mainte fois insuffisant. Il ne restait qu'une ressource : bâtir des « Maisons de réunion ». C'est ce qu'on a fait. Mais ce n'est pas sans peine qu'on a obtenu de s'en servir. La police s'en vint apposer les scellés sur les portes de la Maison de réunion Frej, près de Kristiansfelt, le jour même de l'inauguration, comme le banquet allait commencer : les tables restèrent servies, pour 300 personnes, pendant une année entière, jusqu'à ce que la Cour suprême déclarât la fermeture illégale.

Deux ans après, nouvelle apposition de scellés ; deux ans d'attente aussi avant que la Cour suprême se prononçât contre cette récidive, — sans compter que l'administration mit deux mois à exécuter le jugement. Une autre maison de réunion fut aussi fermée deux fois dès le début, et pendant de longs mois, sous prétexte que par suite d'une fissure dans le plâtre du plafond, ou ailleurs, elle menaçait ruine : pendant ce temps-là, le Gouvernement cherchait à l'acheter pour en faire une gare ! La persévérance des Slesvigois a triomphé de ces tracasseries : ils possèdent aujourd'hui une cinquantaine de Maisons de réunion. Plusieurs comprennent tout un groupe de bâtiments au milieu de cours et de jardins. Celle d'Aabenraa contient la bibliothèque principale de la Ligue pour le maintien de la langue maternelle, des salles de lecture, un restaurant, une salle des fêtes, où a eu lieu, entre autres, une exposition d'art danois, — et une église.

V

LE CLERGÉ

Ceci nous ramène au clergé. Lui aussi, puisqu'il se compose de fonctionnaires prussiens, constitue un instrument de germanisation.

En 1864, un grand nombre de pasteurs danois avaient dû quitter le pays. En 1867, on força le reste à jurer fidélité au roi de Prusse. Si la révocation ne les effrayait pas, ils pouvaient hésiter à abandonner leurs ouailles, et à qui ? Aussi n'y en eut-il que 27 à refuser le serment. Pendant la guerre de 1870, dix autres furent cassés : ils n'avaient pas voulu prier Dieu pour le succès des armes allemandes.

Les pasteurs qu'on importa d'Allemagne, à la hâte et au petit bonheur, n'appartenaient pas à l'élite de leur corporation : pour consentir à se faire garde-chiourme d'innocents, il faut qu'un ministre du « Dieu de charité » ruse avec sa conscience. Leur moindre défaut, peut-être, c'était la connaissance du danois. Par confusion avec l'allemand, voici comment il leur arrivait de prier : « Et le Verbe s'est fait lard » — « Notre Père, qui êtes aux cieux... permettez-nous nos péchés » — « Em-

poisonnons nos ennemis. » La *Gazette de Cologne* cita
ces exemples en criant au sacrilège.

Mais c'était un bien plus grand sacrilège, quoiqu'elle
ne l'ait pas relevé, celui-là, que de se servir de la religion pour arracher aux fidèles leur nationalité danoise,
c'est-à-dire la plus grande partie de leur personnalité, et
la meilleure, pour en faire des renégats à leur patrie,
c'est-à-dire à eux-mêmes.

Avant tout on se propose d'évincer peu à peu la langue
maternelle au profit de l'allemand. Unique langue de
l'église dans 162 paroisses en 1864, dans 120 entre 1864
et 1876, le danois ne l'est plus aujourd'hui que dans
moins de 30. On prêche et officie de plus en plus en allemand, maintes fois devant des bancs vides ou à peu
près. Qu'importe! Un pasteur de Flensbourg vient
d'émettre cette opinion, digne de Christoph Heinrich
Fischer[1] : « Rien que l'allemand, et partout! S'ils ne
veulent pas l'apprendre, tant pis pour eux! Ce sont
de mauvais chrétiens, qui mettent leur langue maternelle au-dessus de la religion ». Il est édifiant de voir
ces prêtres, bourreaux des consciences par chauvi-
ninisme, rejeter leur crime odieux sur leurs victimes.

« Le zèle les dévore », non « le zèle de la maison de
Dieu », mais le zèle de la maison de Hohenzollern. Il y a
quelques mois, un enfant se voyait refuser une dispense
par son pasteur, pour la seule raison qu'il était en service
chez un « Danois ». C'est là un cas entre mille. Lors
d'une élection récente, un autre pasteur, qui avait en

[1]. V. p. 19.

vain essayé de gagner un de ses paroissiens au candidat allemand, lui proposa en fin de compte ce marché : « Eh bien ! ne votons ni l'un ni l'autre. Une voix de moins de chaque côté : il n'y aura rien de changé. » — « Soit ! » acquiesça le « Danois », pour en finir. Et il tint parole. L'homme de Dieu s'en garda bien.

La fleur du clergé slesvigois, c'est le pasteur Jacobsen, de Skærbæk (Scherrebek). Vice-président de la « Ligue allemande », il en incarnait l'esprit. Avec l'appui moral et pécuniaire du gouvernement, il a lancé de plus ou moins « colossales » entreprises de germanisation : une banque, une école de tissage, une tuilerie à vapeur, des viviers à carpes, les bains de mer de Lakolk, un service de bateaux entre cette ville nouvelle et le continent, etc., etc. Il ne s'agissait pas seulement pour lui de mettre la région dans la dépendance économique des Allemands, mais encore d'attirer, comme ouvriers ou fonctionnaires, des colons germanisateurs. Il leur a bâti des habitations à bon marché, chacune avec son mât à drapeau. Quand il vit le gouvernement « adopter enfin une politique à poigne, comme un bon père qui aime bien et châtie bien », il l'en félicita bruyamment. Bref, si j'ose dire, cet apôtre se démenait comme un diable. Tant d'ardeur méritait récompense. M. von Köller, l'Oberpräsident fameux, voulut le faire nommer évêque, — mais le clergé, par pudeur, s'y opposa. Aux élections de 1902 au Reichstag, les Allemands le choisirent comme candidat : c'était, disaient-ils, « l'homme le mieux qualifié et le plus populaire » parmi eux. Un an après, il s'effondrait tout à

coup dans une banqueroute ignominieuse, où s'englou-
tissaient toutes ses entreprises. Il n'en reste plus guère
que des ruines.

Les Slesvigois sont pieux. Malgré l'indignité de ces
pasteurs qui font du temple une caverne de germanisation, il leur en coûtait de rompre avec leur clergé.
Beaucoup ont fini par s'y résoudre, en créant des « paroisses libres ». Ils possèdent à présent six églises, des-
servies par des prêtres ordonnés en Danemark [1] et acquis
aux idées du Danois Grundtvig, qui veut le développement complet de l'homme, — au point de vue religieux, avant tout, mais aussi au point de vue national,
— qui veut inspirer aux âmes « un héroïsme chrétien ».

Là encore, pour ces paroisses libres, que de difficultés ! Scrupules de conscience, d'abord : il faut que leurs
membres se retirent officiellement, non seulement de
l'église prussienne, mais encore de « l'église évangélique
luthérienne ». Et les vexations ! En voici un exemple :
le 30 mars 1897, on inaugurait l'église libre de Bovlund
(Baulund) ; après le chant d'un cantique, le prêtre réci-
tait le *Credo*, quand le gendarme, — il y en a toujours
un de présent aux réunions « danoises », — l'inter-
rompit brutalement en mettant de par la loi tout le
monde à la porte. Et l'église resta fermée : le 11 mai 1900
seulement, c'est-à-dire trois ans après, la Cour suprême
leva l'interdiction.

Mais il est une mesure qui atteint les fidèles de toutes
les paroisses libres : il est défendu de sonner les cloches

---

1. Plus exactement : le premier, M. Appel, a été ordonné en Danemark ; il en a lui-même ordonné un autre, et ainsi de suite.

pour leurs funérailles, défendu de prononcer sur leurs tombes prières ou oraisons funèbres. Le 15 novembre 1912, par exemple, mourait à Aabenraa Mlle Marie Fischer, qui avait légué sa fortune à des œuvres de bienfaisance, en particulier 60.000 marks au Conseil municipal, — « allemand », bien entendu, — pour les pauvres de la commune. Comme la généreuse donatrice n'avait pas quitté officiellement « l'Église d'État », un pasteur de la ville pensa qu'il pourrait passer outre en sa faveur à cette défense inhumaine : le consistoire le lui interdit expressément. La brave demoiselle, elle aussi, dut être, suivant la formule, « enterrée comme un chien ».

Il ne faudrait pas croire que tous les pasteurs du Slesvig ressemblent aux germanisateurs à tous crins dont nous avons flétri l'étrange mentalité, l'étrange conduite. Il y a parmi eux des cœurs droits, fidèles à leurs devoirs de citoyens allemands, sans doute, mais fidèles aussi à leurs devoirs envers leurs ouailles. Ils ne craignent même pas, quelques-uns du moins, d'écrire dans les journaux « danois » et de prendre la parole dans les Maisons de réunion « danoises ». Tel M. le pasteur Tonnesen. Il était président de la « Mission intérieure », mission d'origine danoise, qui prêchait d'abord un piétisme indifférent à toute « politique ». Mais, en Slesvig, indifférence à toute politique signifie acceptation pure et simple de la germanisation. M. Tonnesen a pensé que le chrétien a le droit et le devoir de professer, de défendre sa nationalité. Il l'a déclaré en 1912 à l'Assemblée générale de la Mission. Il donnait en même temps sa démission de président, pour ne pas avoir l'air d'imposer cette doctrine. L'association l'a aussitôt réélu. Mais douze pasteurs, sans compter les laïques, en sont tout aussitôt sortis : ils accusaient M. Tonnesen de favoriser — la lutte entre nationalités? non pas ! — le modernisme en matière de dogme, le « modernisme ». Voilà un modernisme qui a bon dos.

Mieux vaut encore approuver ouvertement l'oppression.

VI

LE RÉGIME KÖLLER : LES « OPTANTS »

L'oppression sévit en Slesvig à l'état chronique. Mais de temps à autre elle s'exaspère en crise aiguë.

La plus violente de ces crises a éclaté environ un an après l'arrivée de M. von Köller comme Oberpräsident (août 1897) et n'a cessé que deux à trois ans avant le départ de son successeur, M. von Wilmowski (juillet 1906).

Les Allemands, comme le proclamaient les journaux officiels, tenaient à montrer enfin qu'ils étaient « les maîtres chez eux » :

> La maison m'appartient, je le ferai connaître.
>
> (MOLIÈRE, *Tartuffe*, IV, 7.)

On expulsait par centaines et les « optants danois », en violation flagrante du traité de Vienne, et leurs enfants ou petits-enfants, et les Scandinaves immigrés. Vieillards de soixante-dix à quatre-vingts ans, qui jamais n'avaient quitté le pays, femme en couches, fillette en proie à la fièvre cérébrale et condamnée à mourir sur le chemin de l'exil, on frappait n'importe qui. Et vingt-quatre heures seulement, en général, pour passer la frontière. Quant au crime si durement expié, néant. On expulsait d'ordinaire pour priver de domestiques, de commis ou d'ouvriers les « patrons fanatiques », c'est-à-dire ouvertement Danois de cœur, mais « sujets prussiens » et par suite inexpulsables. On expulsait aussi pour punir d'avoir assisté à quelque réunion d'une société « danoise » ou manqué à se faire raser chez le coiffeur « allemand » de l'endroit, — c'est M. von Köller qui l'a déclaré, — on expulsait pour faire de la place aux colons allemands, pour rien, pour le plaisir.

Beaucoup de Slesvigois envoient leurs enfants, au sortir de l'école prussienne, dans les écoles du Danemark. On prévint officiellement chacun d'eux que s'il n'en retirait pas le sien ou les siens avant la fin de l'année, on expulserait tous les expulsables de sa commune. La menace ne produisit aucun effet. On n'osa pas non plus la mettre à exécution : il aurait fallu chasser du pays plusieurs milliers de personnes. On n'avait pas le courage d'aller si loin.

Les expulsions atteignirent pourtant, de 1898 à 1900, un chiffre tout à fait respectable : entre 800 et 1000, — c'est-à-dire un Slesvigois sur 150.

Encore ne trouvait-on pas qu'il y eût assez de gens expulsables : on se mit à « fabriquer » des optants. On déclara optant, par exemple, tel vétéran de 1870 qui avait risqué sa vie pour la Prusse dans trois grandes batailles, et dont le fils avait fait ses trois ans de service en Prusse — par suite d'une erreur, disait-on. Et ce n'est point là un cas isolé. En 1902 et 1903 on fabriqua

1.200 optants. Ce n'était pas difficile. Pour qu'il y eût option réelle et valable, conformément au traité de Vienne, il fallait, après en avoir fait la déclaration aux autorités compétentes, s'être retiré et fixé en Danemark avant le 16 novembre 1870. Préfets, Oberpräsident et tribunaux — oui, les tribunaux, ô meunier de Sans-Souci ! — s'avisèrent soudain que cette condition se trouvait remplie par un séjour occasionnel et passager, même de quelques jours, au delà de la nouvelle frontière.

Le 28 janvier 1902, Christian Finnemann était expulsé, comme optant, avec son fils Niels. Il avait bien fait une déclaration d'option, le 27 décembre 1866, mais il était revenu sur cette décision, et immédiatement : moins d'un mois après, en effet, le 17 janvier 1867, il se présentait au conseil de revision prussien. Depuis, il avait joui de tous les droits civils et politiques ; il avait été maire, pendant six ans, et conseiller général. Afin de prouver sa qualité d'optant, on eut recours à un double témoignage, porté sous la foi du serment : un gendarme affirma savoir, comme résidant dans le canton en *janvier* 1867, que Finnemann avait passé à ce moment plusieurs semaines en Danemark ; une vieille Danoise attesta qu'il y était resté jusqu'à six mois, qui se réduisirent petit à petit, dans un interrogatoire contradictoire, à quatre semaines. Il fut démontré, dans la suite, que le gendarme n'était pas arrivé dans le pays avant le mois d'*octobre* 1867, c'est-à-dire dix mois plus tard, et il reconnut lui-même, non sans une extrême confusion, qu'il s'était « trompé ». Quant à la vieille, elle raconta, devant témoins dignes de foi, qu'ayant l'audience elle avait eu rendez-vous avec le préfet Becherer, le sous-préfet Valentiner et le gendarme : on lui avait donné vingt marks et on lui en avait promis deux mille si Finnemann était condamné sur son témoignage, — témoignage qu'on lui avait couché par écrit, « parce qu'elle ne pouvait rien se rappeler ». Ce préfet Becherer, soit dit en passant, s'est trouvé mêlé à une autre fabrication d'optant, où il a aussi été promis, et promis par lettre, la même somme de deux mille marks pour un témoignage de même acabit. Finnemann n'en fut pas moins déclaré optant — et expulsé avec son fils. M. H.-P. Hanssen (alors député au Landtag), simplement pour avoir dénoncé et établi dans une revue, en 1904, le parjure des deux témoins officiels, se vit condamner à trois mois de maison centrale (1er avril-1er juillet 1905) ; malgré sa robuste santé et son admirable énergie, il a porté longtemps les traces de cette dure captivité.

Vous vous indignez ? Attendez : il y a mieux encore.

Katrine-Marie Nielsen, veuve d'un journalier et sujette prussienne, avait grand'peine à élever ses dix enfants. Grâce à l'intervention de voisins complaisants, elle plaça l'aîné, comme apprenti compositeur, à l'imprimerie du journal danois de Flensbourg. Le fameux Hahn, alors juge cantonal, la déclara, pour cette unique raison, indigne d'élever ses enfants : il les lui enleva pour les confier à des « Allemands », l'aîné à un cultivateur, les neuf autres à un ramoneur immigré, non seulement fanatique et forcené dans son chauvinisme, mais encore de religion différente, catholique. Comme les catholiques sont rares en Slesvig, ce détail témoigne d'une recherche raffinée dans la cruauté. Voilà comment ce juge protestant respectait la conscience de ses coreligionnaires ! Il n'a pas été le premier, d'ailleurs, ni le dernier, à arracher ainsi leurs enfants aux veuves et même aux pères, sous prétexte d'en soustraire l'un ou l'autre à des influences « danoises ».

Outre pareilles tortures, il n'est pas de tracasserie imaginable que n'aient subie alors les « Danois » du Slesvig.

Toutes ces persécutions, barbares ou ridicules, n'ont pas fait avancer d'un pas la germanisation, — tant s'en faut ! « On ne nous aime pas, proclamait fièrement M. Hahn, déjà nommé, dans une récente réunion de cette Ligue allemande qu'il préside avec si peu d'honneur, on ne nous aime pas, parce qu'on nous jalouse et nous *craint.* » Est-ce donc que les Allemands, égarés par un sauvage orgueil, chercheraient avec joie la preuve de leur force dans les souffrances qu'ils infligent ? Ou bien se figurent-ils vraiment qu'ils peuvent assimiler par ces procédés odieux des gens de cœur tels que les Slesvigois ?

Dans le gouvernement, en tout cas, on semble s'être aperçu dès 1903 que c'était là faire fausse route : non seulement on a mis un frein au zèle intempestif de la police et des autorités locales, rendu aux parents leurs enfants, laissé rentrer et même reconnu pour « sujets prussiens » des « optants » expulsés, comme les deux Finnemann, — on a en outre conclu à Berlin un arrangement avec le Danemark, quatre ans plus tard, il est vrai, le 11 janvier 1907, pour régler d'une manière équitable le sort des « sans-patrie », de certains sans-patrie.

Pour avoir droit de cité en Allemagne, il faut être issu de père allemand ou bien, si l'on est enfant naturel, de mère allemande : c'est là le *jus sanguinis*, « le droit du sang ». Pour avoir droit de cité en Danemark, il faut avoir vu le jour sur le territoire danois ; une loi du 19 mars 1898 admet bien aussi le droit du sang, mais seulement à partir du 17 avril 1898, c'est-à-dire sans s'appliquer à ceux qui sont venus au monde avant cette dernière date. Ainsi, tout fils ou petit-fils d'optant qui est né en Slesvig entre 1864 et 1898 n'avait droit de cité ni en Allemagne ni en Danemark : c'était un « sans-patrie ». Le nombre en était considérable. Le gouvernement de Copenhague était prêt à les naturaliser Danois. Mais ils ne le demandaient guère, puisqu'ils n'en seraient pas moins restés expulsables de leur pays, le Slesvig. Leur situation était intolérable.

Par la convention dano-allemande du 11 janvier 1907, le gouvernement prussien s'engageait à naturaliser, sur leur demande, ceux d'entre eux qui sont nés entre l'option de leur père ou grand-père et le 17 avril 1898, et qui sont domiciliés sur le territoire prussien. Il a promis en outre, mais verbalement, d'étendre la naturalisation à leurs frères ou sœurs nés avant l'option ou depuis 1898, à condition qu'ils habitent avec eux. Il a tenu parole, très loyalement.

A cet égard, du moins. Dans le préambule de la convention de 1907, il prenait des engagements plus généraux, qu'il a commencé à violer dès 1909 et ne cesse depuis lors de violer.

L'Oberpräsident actuel, M. von Bülow, envie-t-il les lauriers de M. von Köller? Veut-il qu'on parle aussi d'un « régime Bülow »? On en parle.

VII

LE RÉGIME BULOW : LES « SANS-PATRIE »

Dans le préambule de la convention dano-allemande de 1907, l'empereur d'Allemagne et le roi de Danemark se déclaraient « animés du désir de voir disparaître l'inquiétude qui régnait dans certains milieux, en particulier concernant le *droit de cité* », et ils « s'engageaient à prendre à cette fin toutes les mesures compatibles avec les lois de leur pays respectif ».

Les articles, notamment le premier et le troisième, réglaient en effet la situation des sans-patrie slesvigois, mais d'une partie seulement, la plus nombreuse, il est vrai : les fils et petits-fils d'optants.

Il en existe une autre classe, qu'on a oubliée dans cet accord, — oubli volontaire, peut-être, de la part des Allemands, qui ne demandaient sans doute qu'à garder une poire pour la soif. Nous savons qu'entre 1864 et 1878 il est parti du Slesvig environ 60.000 personnes. Partout, spécialement à la campagne, on manquait de bras. On se pourvut, naturellement, en Danemark. De là, pendant de longues années, une affluence considérable de garçons de ferme, d'ouvriers, de commis, de domestiques danois. Beaucoup s'établirent à demeure dans le pays et s'y marièrent. Leurs enfants, ceux du moins qui sont nés avant 1898, ne sont ni sujets allemands ni sujets danois, mais « sans-patrie ».

Tout ce monde, comme bien vous pensez, est expulsable à merci. Et l'on ne manqua pas d'en expulser bon nombre sous le régime Köller-Wilmowski (1898-1903) : non pour les punir eux-mêmes, car on n'avait rien à leur reprocher, mais pour punir leurs patrons, sujets prussiens et par suite inexpulsables, d'appartenir aux associations « danoises » du Slesvig ou d'avoir pris part à des réunions tenues en danois. La tourmente passée, il restait en Slesvig deux à trois mille sans-patrie de cette espèce, les seuls aujourd'hui, ou à peu près.

Longtemps, sauf quand ils se mêlaient de « politique » ou assistaient à quelque « réunion danoise », on les a laissés tranquilles. Mais deux ans à peine après la convention dano-allemande de Berlin, c'est-à-dire en 1909, les préfets de Haderslev (Hadersleben) et d'Aabenraa (Apenrade), MM. Dryander et von Uslar, leur déclaraient à brûle-pourpoint une guerre aussi odieuse que ridicule : défense de se marier, sous peine d'expulsion. Comme M. von Uslar occupait sa place depuis de longues années, on peut se demander si M. Dryander, qui venait justement d'être nommé à son poste, n'a pas eu l'idée et pris l'initiative de cette glorieuse campagne. La question ne manque pas d'intérêt : il est fils du chapelain de l'empereur ; il a même obtenu le concours de son père, par exemple, pour inaugurer tout récemment, le 9 avril 1912, une école de germanisation à deux pas de la frontière actuelle. Mais gardons-nous des jugements téméraires [1].

En avril et en juillet 1909, deux sans-patrie recevaient l'ordre de quitter leur femme ou le pays. Depuis, dès qu'un sans-patrie se fiance, on le prévient qu'on ne lui accordera, une fois marié, ni droit de domicile, ni permis de résidence, et s'il se marie tout de même, on l'expulse. Ou plutôt on cherche à l'expulser : car si on le conduit de force à la frontière, les autorités danoises refusent ou peuvent refuser de la lui laisser franchir. D'autre part, on n'a pas le droit, bien qu'on ait essayé, de le contraindre à passer dans le sud germanisé du Slesvig ou dans une autre partie de l'Allemagne. Que faire ? Le préfet ne peut que l'inviter à s'en aller, sous peine d'une amende de 150 marks. Notre homme ne bouge pas : descente de police et saisie. Comme c'est d'ordinaire un pauvre diable, on ne trouve rien à prendre, et l'amende se transforme en quinze jours de prison dans la geôle de la préfecture, prison d'ailleurs assez douce, avec nourriture d'hôtel, livres, etc. On le relâche, puis on recommence la même procédure, et ainsi de suite, indéfiniment : il n'y a aucune raison pour s'arrêter.

On peut, cependant, aller plus loin. Pour mater ses sans-patrie, M. Dryander, le fils du chapelain de Guillaume II, a parfois recours au Regierungspräsident, qui a le droit d'infliger en pareil cas, et plusieurs fois coup

---

1. M. Dryander, le chapelain de l'empereur, a depuis lors révélé son étrange mentalité : on se rappelle son inqualifiable réponse à la lettre d'un pasteur français sur la guerre actuelle.

sur coup, 300 marks d'amende ou quatre semaines de réclusion dans la maison de force de Slesvig.

Il ne faut pas perdre de vue qu'on n'a rien à reprocher à ces malheureux. Ce sont de braves gens, calmes, honnêtes et laborieux, qui ne s'occupent point de « politique » et ne se montrent point dans les maisons de réunion « danoises ». Il en est qui ont obtenu de leurs voisins allemand des certificats à cet effet. Il en est même dont la demande de naturalisation a été apostillée par des fonctionnaires allemands et des journaux allemands du pays, si chauvins pourtant et si méfiants. Leur seul crime, c'est d'être mariés.

Afin d'échapper aux poursuites, plusieurs ont renoncé à convoler en justes noces et vivent en concubinage. Ceux-là, on ne leur dit rien. Le mariage, voilà donc bien le crime. C'est édifiant n'est-ce pas? L'indignation est profonde dans la population du Slesvig, si morale et si religieuse. Mais c'est peut-être encore plus stupide : tandis que les enfants légitimes des sans-patrie sont eux-mêmes des sans-patrie expulsables à merci, leurs enfants illégitimes sont souvent par hérédité maternelle des « sujets prussiens » inexpulsables, destinés à grossir le nombre des Slesvigois danicisants. Pourquoi, alors, bannir de préférence les sans-patrie mariés? Incompréhensible monstruosité!

Mads Egholm, de Bröns, dans la préfecture de M. Dryander, est sans patrie — quoique né et élevé en Slesvig — parce que sa mère était sujette danoise. Il s'est marié en 1911, et le préfet lui a aussitôt enjoint de se fixer hors du département. Le Regierungspräsident casse l'arrêt comme illégal, fondé qu'il était sur une ordonnance danoise de 1841, aujourd'hui sans valeur. Mads Egholm n'en est pas moins requis, et sur-le-champ, de quitter le sol prussien. Il s'en va en Danemark, mais pour revenir immédiatement. Traduit devant les tribunaux pour retour illégal, il se voit infliger 300 marks d'amende, c'est-à-dire, comme il n'est pas solvable, quatre semaines de réclusion dans la maison de force de Slesvig. Sa femme était malade et près d'accoucher, sa belle-mère se mourait chez lui d'un cancer. Peu importe : femme, belle-mère et mère, privées de leur unique soutien, se voient forcées de recourir à l'Assistance publique. Les malheureux n'étaient pas au bout de leurs peines. Aussitôt relâché, ou peu après, Mads Egholm recevait coup sur coup, du jour au lendemain, deux ordres d'expulsion de la propre main du Regierungspräsident, chacun lui promettant, en cas de désobéissance, 300 marks d'amende ou quatre semaines de réclusion. Il resta. « Je n'ai pas, disait-il, le droit de céder. » Il n'avait pourtant aucune pitié à attendre. Le charitable fils du chapelain de l'Empereur, M. Dryander, avait juré « de lui faire passer la moitié de sa vie sous les verrous ». Dans une pétition au Reichstag, les gens de la contrée ont représenté Mads Egholm comme un « ouvrier tranquille, capable et consciencieux, qui nourrissait du travail de ses mains sa femme, son enfant, sa mère et sa belle-mère, et qui s'abstenait de la moindre manifestation politique ». Se figuraient-ils que cette conduite honorable, qu'on récompenserait chez d'autres, pourrait le laver du crime de s'être marié ? Le 24 janvier 1912,

il était enfermé pour huit semaines dans la maison de
force de Slesvig. Le 16 avril, c'était pour douze semaines.
Sorti de prison le 9 juillet, il alla respirer en Danemark,
chez des parents, mais il dut bientôt rentrer en Slesvig,
à cause de la santé de sa femme. Continuellement, jusqu'à deux fois par jour, mais sans jamais le rencontrer,
l'huissier venait le demander, pour lui remettre en main
une « missive pressée », sans doute un ordre d'expulsion. Enfin, comme ses amis voyaient que, malgré la
maladie de sa femme, on songeait de nouveau à l'incar-
cérer, ils lui offrirent, à lui et à sa famille, quelques
jours de villégiature en Danemark. Pendant son absence,
on apposa sur sa porte une invitation à se rendre en
personne et sans retard chez le sous-préfet, pour prendre
une « lettre ».

Il ne revint que le 20 novembre. Dès le surlendemain,
il recevait du Regierungspräsident l'ordre de payer dans
les vingt-quatre heures une amende de 300 marks, pour
retour illégal, et de sortir du territoire prussien, dans
les vingt-quatre heures également, sous peine d'une nouvelle amende de 300 marks. Cinq jours de suite, —
abstraction faite du dimanche, car on a de la religion en
Allemagne, — c'est-à-dire le 22, le 23, le 25, le 26 et le
27 novembre, il reçut un ordre d'expulsion avec la
même menace. Jusque-là — ô méthode dans la folie !
comme dit Polonius — le nombre des semaines de
réclusion avait suivi une progression arithmétique (4, 8,
12) ; mais cette fois on voulait accélérer le tempo, on
alla jusqu'à vingt semaines, tout près de cinq mois ! Il
réclama auprès de l'Oberpräsident, M. von Bülow, et

du ministre de l'Intérieur, M. von Dallwitz. Peine perdue. M. von Bülow, cependant, le prévint qu'il pourrait éviter amende et prison en quittant le *nord* du Slesvig. En même temps, d'ailleurs, le Regierungspräsident le requérait de se présenter, le 16 décembre, à la maison de force de Slesvig. A cette date, le gendarme de la sous-préfecture venait à son domicile pour l'arrêter, mais trouvait la maison vide. Toute la famille avait gagné la frontière, qui est à deux lieues de Bröns, pour fêter Noël ensemble et en paix. Que va faire maintenant Mads Egholm ? Tout dépend de la santé de sa femme. S'il ne tenait qu'à lui, il ne se soumettrait jamais, il irait jusqu'au bout sans broncher, dans l'espoir de lasser enfin ses bourreaux et de contribuer ainsi au triomphe de la justice. — Comme sa femme était sur le point de perdre la raison, il a fini par céder devant les menaces — et les promesses. Grande victoire pour l'Allemagne !

Voilà comment on germanise en Slesvig.

La « Ligue allemande » et la presse allemande du pays accueillent ces mesures injustifiables par des cris de joie et des éloges dithyrambiques. Elles se croient déjà revenues au bon temps des Oberpräsidenten von Köller et von Wilmowski. Elles poussent à la roue, et de toutes leurs forces. Mais le reste des Slesvigois proteste, même des Allemands de la province, ceux, par exemple, de la « Ligue de la Paix ». Le Reichstag a reçu du Slesvig pétition sur pétition, l'une portant 33 125 signatures de majeurs. Au Reichstag, d'ailleurs, et au Landtag prussien, les députés « danois » ont porté la question à la tribune, et nombre d'orateurs ont soutenu leurs réclamations, le Centre en particulier, qui a vigoureusement flétri ces criminelles brutalités.

Voici comment leur répondait, le 1er février 1913, au Landtag, le sous-secrétaire d'État M. Holz : « En ce qui concerne les sans-patrie, notre politique ne peut se placer qu'au point de vue national allemand. S'il y a des sévices, le gouvernement le regrette. C'est à lui-même, après tout, que Mads Egholm doit s'en prendre de ce qui lui arrive. Je tiens à faire remarquer, d'ailleurs, que les sans-patrie ne sont pas punis parce qu'ils se marient, mais parce qu'ils se créent une situation économique indépendante ». Comment la situation économique d'un homme peut-elle bien être indépendante ou non suivant qu'il habite ou non avec sa femme légitime, suivant qu'il est « marié » légalement ou non ? La germanisation a de ces mystères. Le plus triste, c'est de voir le gouvernement prussien endosser ou plutôt revendiquer la responsabilité d'une si inqualifiable, d'une si aveugle persécution.

L'a-t-il enfin compris ? Il s'est décidé à promettre qu'au bout d'un an de service militaire, s'ils ne donnaient lieu à aucune plainte, les sans-patrie obtiendraient leur naturalisation. Ce sont là de belles paroles : la persécution a recommencé contre les sans-patrie qui osent se marier. « Attaque brusquée », tout simplement, qui ouvre une nouvelle campagne de germanisation brutale[1].

_____

1. En 1915, la Prusse a forcé les sans-patrie, comme les optants, à entrer dans son armée ; elle les a envoyés au front.

VIII

LA DÉFENSE DU SOL

D'autres nouvelles arrivent en même temps, qui remplissent d'inquiétude. Nous avons descendu un à un, bien que d'un pas trop rapide pour les voir comme il faut, les cercles de cet enfer qu'est la politique prussienne en Slesvig. Nous ne sommes pas au bout : la spirale continue à s'enfoncer dans plus d'horreur encore. Le code ne donnait aucune prise sur les « Danois » sujets de la Prusse qui n'outrepassent point la légalité. Mais on s'est fait accorder par le Reichstag une loi pour les chasser, — s'ils ne veulent pas « se soumettre », — en leur enlevant la terre de leur ancêtres.

Ce n'est pas d'aujourd'hui qu'on y tend. Avant d'avoir recours à l'expropriation arbitraire, on a essayé de tous les moyens.

L'exode de nombreux Slesvigois après 1864 laissait beaucoup de places vides. En trente ans, des « Allemands » ou des suspects entrèrent ainsi en possession de 106 propriétés. On érigea bientôt cet achat des terres en système. En 1891, les fonctionnaires du nord-ouest créaient à Rödding un *Ansiedlungsverein* (Société de colonisation), qui a duré dix ans : bien que dirigé en partie par

des gens véreux, avec les fonds de la banque Jacobsen
et l'argent que le sous-préfet Winter von Adlersflügel
extorquait aux optants par ses menaces, il n'en casa pas
moins tout près de la frontière dans les 200 colons.
M. Dryander a aussi organisé, pour la petite colonisation, une *Kleinsiedlungsgenossenschaft*. Le 28 mai 1909,
le comte Rantzau fondait une *Siedlungsgenossenschaft*,
appuyée sur une banque au capital de 500.000 marks
et soutenue par le gouvernement, « pour élever un rempart de colons allemands en travers du Slesvig. » Elle
a acheté quelques propriétés et les a transformées en
Rentengüter

Ces Rentengüter sont une institution d'État autorisée
par une loi de 1890. L'acheteur emprunte à peu près
tout le prix de la propriété à un intérêt de 3 1/2 p. 100,
plus 1/2 p. 100 d'amortissement. Mais il ne peut revendre
son bien sans le consentement de l'État ; il ne peut le
léguer qu'à de proches parents, et, en cas de partage
entre héritiers, presque en totalité au plus direct ; il va
sans dire qu'il doit voter pour les candidats allemands,
célébrer la fête de l'Empereur et la fête de Sedan, éviter
tout rapport avec les associations « danoises », etc. Ce
n'est plus un homme libre. En 1911, il y avait pourtant
déjà dans le Nord du Slesvig 368 Rentengüter.

A partir de 1864, mais surtout entre 1900 et 1910,
l'État a aussi acheté des terres pour le Domaine. Il paye
la propriété bien au-dessus de sa valeur réelle et la loue
ensuite à raison de 2 ou 3 p. 100 du prix d'achat. Plusieurs propriétaires endettés y ont cherché le salut, —
souvent au détriment de leurs créanciers, — vendant

leur terre et la reprenant d'ordinaire à ferme. Quelques « Danois » n'ont point eu de haut-le-cœur devant cet appât de la trahison : ils ont troqué leur patrimoine et leur conscience contre la livrée dorée du conquérant. Plus d'une fois des « marchands de biens » marrons, sûrs de gros bénéfices, s'entremettent sournoisement entre le gouvernement et les imprudents, les aveugles, les timorés.

Par suite de ces achats « royaux », le prix de la terre n'a cessé de monter en Slesvig dans des proportions désastreuses. Les « Danois », simples cultivateurs presque tous, ne pouvaient lutter. Afin de les aider, afin de permettre aux jeunes de s'établir, il s'est fondé en 1909 une « Société de Crédit du Slesvig septentrional », au capital de 830.000 marks. Tout dernièrement, pour citer un exemple, elle a pu enlever aux « Allemands » le « Palais » de Graasten (Gravenstein) pour une somme de 300.000 marks.

Dans cette conquête du sol, le gouvernement vient de substituer aux escarmouches la grande guerre, la guerre en règle, officielle et déclarée. Il s'est fait octroyer par le Landtag, en 1912, 100 millions de marks pour acheter des terres, par l'expropriation au besoin, dans les provinces polonaises et en Slesvig. Le but est « d'assurer » les propriétés, plus exactement de les « mettre en sûreté », d'empêcher qu'elles ne tombent ou ne restent entre les mains de « Polonais » ou de « Danois ». A cette fin, il a créé des *Höfebanken*, qui lui servent d'intermédiaire auprès des propriétaires, — une à Kiel, pour le Slesvig-Holstein, au mois de sep-

tembre 1913. La valeur de la terre « mise en sûreté »,
est déterminée par des taxateurs officiels. A ce prix, le
propriétaire doit transférer son titre à l'État qui le lui
retransfère (ces deux opérations se font légalement sans
droit de timbre ni redevance). La Höfebank prête
ensuite, sur hypothèque amortissable, jusqu'à 75 p. 100
de l'évaluation, qui est presque toujours majorée, pour
mieux séduire, dans des proportions véritablement fan-
tastiques. Mais l'État se réserve un droit permanent de
rachat, ou de préemption, à un prix inférieur de
10 p. 100 à cette évaluation frauduleuse. « L'assuré »
est sûr avant tout de se voir déposséder s'il ne soutient
pas de toutes ses forces la « politique » allemande. Il doit,
en outre, léguer sa terre à son fils aîné, à moins que les
autorités ne s'y opposent. Il ne peut la vendre qu'en
entier et à un acheteur approuvé par le gouvernement.
Les germanisateurs, on le voit, se la sont bien
« assurée ».

Dès le mois d'octobre 1913, sous la présidence de
M. H.-P. Hanssen, député au Reichstag, les « Danois »
du Slesvig, fondaient une « Ligue pour la défense du
sol ». Elle a institué dans chaque commune un groupe
où peut entrer tout habitant de l'endroit, homme ou
femme, âgé de dix-huit ans. La cotisation annuelle est
de deux pfennigs (2 centimes 1/2) par hectare, mais ne
peut être inférieure à vingt-cinq. Voici la déclaration que
souscrit tout adhérent : « Nous soussignés, par ces
présentes, nous nous promettons mutuellement de ne
jamais vendre nos propriétés au titre de Domaine,
tenure ou « mise en sûreté », ni de les céder quand il y a

des raisons de craindre qu'elles ne cessent d'être des propriétés franches... Nous faisons cette promesse, conscients du devoir qui nous incombe de maintenir notre sol natal comme propriété franche, ainsi que nous le tenons de nos aïeux ».

Impitoyable dans sa rapacité, l'État prussien a riposté du tac au tac. Il prépare en ce moment une nouvelle loi d'exception contre les pays annexés à la Prusse : on ne pourra faire de parcellements sans l'autorisation du préfet, qui aura le droit de la refuser s'il ne la trouve pas compatible avec l'intérêt social ; toute vente de propriété rurale ou forestière de plus de dix hectares sera contrôlée par le gouvernement de la province, avec droit de préemption pour l'État.

On sait que par la loi du 19 avril 1908, l'usage du danois n'est plus toléré pour les réunions publiques que jusqu'en 1928, et seulement dans les départements où il est parlé par plus de 60 p. 100 des habitants. Après la langue maternelle, c'est maintenant le sol paternel qu'on veut arracher définitivement aux populations conquises.

IX

« FUROR TEUTONICUS. »

Dans cette persécution acharnée, il ne faut pas voir
une simple tyrannie de l'État. Le Landtag de Berlin et
parfois même le Reichstag, représentants respectifs du
peuple prussien et du peuple allemand tout entier, s'y
prêtent de gaieté de cœur en votant les « lois scélérates »
qui la permettent sous ses formes les plus odieuses. Les
Allemands du Slesvig, immigrés et même indigènes, la
réclament à cor et à cri, sous menace de désaffection.
Il leur faut une germanisation à outrance, une « guerre
au couteau ». Tel est le programme de la « Ligue allemande du Slesvig septentrional », fondée en 1890. Elle
se montre insatiable de mesures vexatoires, oppressives.

Au mois de novembre 1913, l'Oberpräsident a dû
lever, sur l'intervention de l'Empereur, la défense qu'il
avait faite à Roald Amundsen, le découvreur du pôle
sud, de faire à Flensbourg une conférence en norvégien
sur son expédition. Aussitôt, grand émoi dans la Ligue
allemande. De toutes parts on a rassemblé pangermanistes et autres chauvins allemands, à Flensbourg, pour
protester contre cette inexcusable indulgence.

A cette réunion, sans parler des mauvais traitements infligés aux journalistes « danois » qui avaient obtenu d'y assister, on a osé parler de « reconquérir » tout le Jutland. Là, en effet, comme en bien d'autres circonstances, des professeurs n'ont pas craint de proclamer que le Slesvig, tout le Jutland même, est par sa population et par son histoire un pays allemand. « Ils mentent et ils savent qu'ils mentent », comme disait autrefois des Schleswig-Holsteinistes la *Gazette de Cologne*.

Ces mensonges, la Ligue allemande les répand à travers toute la presse de l'Empire et des pays voisins. A cette fin, elle entretient dans les villes du Slesvig des « comités de défense ». Car, cela va sans dire, conformément à cette observation d'Henri Heine, déjà citée, que les Allemands se plaignent de vous, et avec énergie, quand ils vous marchent sur le pied, ce sont eux qui en Slesvig se trouvent en état de légitime défense.

Ils n'appartiennent pas tous à la Ligue, sans doute. Mais ils n'en choisissent pas moins comme candidat au Reichstag, depuis 1903, le président de cette association danophobe, le juge Hahn, opprobre de la magistrature, qui n'a pas reculé devant le forfait d'enlever des enfants à leur mère, — ils n'en votent pas moins pour lui, à part les socialistes, presque tous.

Les journaux allemands du pays, les socialistes toujours exceptés, s'inspirent en majeure partie de l'esprit de la Ligue allemande. Ils s'alimentent plus ou moins au « fonds des reptiles ». Il faut surtout signaler la *Schleswigsche Grenzpost*, que subventionne particulièrement l'administration prussienne. Elle a eu longtemps pour rédacteur en chef M. Strackerjan, le plus forcené des énergumènes germanisateurs, prêt à toutes les calomnies et à toutes les insultes : il a été si loin dans l'injure que les tribunaux ont dû parfois le condamner, à regret, il est vrai, — en le félicitant de son patriotisme. Bien qu'à la retraite aujourd'hui, et « pensionné », il continue à expectorer sa fureur, non seulement dans son ancienne « feuille de chou », mais jusque dans les grands journaux de Berlin et de Hambourg.

En plein régime Köller, les Allemands trouvèrent un concours assez imprévu. Vers la fin de septembre 1900, on apprit qu'une Danoise, fille d'un député au *Folketing* et femme divorcée d'un peintre de Copenhague, Mme Wildenradt-Krabbe, venait d'acheter à Haderslev un journal de langue danoise, le *Dannevirke*. Qu'on ne l'expulsât point, et tout de suite, c'était la preuve qu'elle était de connivence avec le gouvernement, disons mieux : soutenue par le gouvernement. On a su depuis qu'elle était généreusement soudoyée. Les gendarmes, d'ailleurs, distribuaient les numéros dans les campagnes et racolaient des abonnés. Sous prétexte de rétablir la tranquillité dans le pays, — tout comme le pasteur Jacobsen et M. von Köller, — Mme Wildenradt-Krabbe a mené pendant trois années une campagne d'invectives et de sarcasmes, violents autant que grossiers, contre le « parti danois », mais surtout contre ses chefs, MM. J. Jessen et H.-P. Hanssen. Les trente deniers de Judas, bien que représentés par des milliers de marks, n'ont pas suffi à l'entretenir. En 1903, elle abandonnait la lutte, pour venir se réfugier à Paris, où elle fait, paraît-il, de la littérature. Il est pénible de stigmatiser une femme : mais quand elle se *dessexe*, comme dit Lady Macbeth, au point d'attaquer des opprimés, ses compatriotes opprimés, n'est-ce pas un devoir ? Cet avis, des Allemands le partagent, même des Allemands du Slesvig, comme le prouve, entre autres, un article de la *Gazette de Kiel*.

X

« DEM VERDIENSTE SEINE KRONEN! »

(SCHILLER, *An die Freude*).

Il y a des Allemands, aussi, qui réprouvent les sévices des germanisateurs officiels ou privés. Il y en aurait davantage encore, probablement, si les criailleries mensongères des *hurra-patrioten*, ceux de la Ligue allemande et de la Ligue pangermaniste, par exemple, ne maintenaient pas le peuple dans une déplorable, une dangereuse erreur.

Aussi est-il des esprits généreux — ou prudents — qui, pour le détromper, ont pris en Allemagne la défense des Slesvigois. Ce sont d'abord quelques « Allemands indigènes » du Slesvig, qui ont d'ordinaire le danois pour langue maternelle, mais qui se sentent Allemands, écrivent en allemand. Citons MM. Erich Schlaikjer et Johannes Tiedje. Précepteur de princes allemands, rédacteur à *Die christliche Welt*, pasteur libre et ambulant, le second a publié sur la question une série d'articles, réunis en volume sous le titre *Die Zustände in Nord-Schleswig* (Marbourg, 1909). Il y dénonce avec indignation la politique oppressive et tracassière de la Prusse en Slesvig. Au nom de l'humanité ? Non, hélas !

A quel point l'éducation allemande déforme le cœur et le cerveau, il nous en donne la preuve. Écoutons-le :

« Je parle ici de Germains et en Germain. Ne mettez pas les Danois sur la même ligne que les Polonais ! La Pologne impose à la nation allemande une tâche effrayamment ardue. Un peuple d'esclaves, avec sa demi-civilisation, empruntée ou née dans les contradictions, avec sa race bâtarde, souillée de sang mongol, avec sa religion ennemie de l'État, — le catholicisme a tant d'aspects ! — avec sa langue étrangère, qui, sans aucune parenté avec l'allemand, repose sur des habitudes d'articulation et, autant que je sache, sur des manières de penser toutes différentes, avec sa population nombreuse et sa fécondité naturelle,... ce peuple de valets n'aurait jamais dû être soustrait au régime de la canne paternelle à la Frédéric II... Les Germains sont saisis de dégoût à voir leur servilité de chiens (*wie sie hündeln*) ! »

Le rouge devrait lui monter au front, à ce pasteur chrétien, de reprocher ainsi leur abaissement, réel ou imaginaire, à ces êtres humains que ses compatriotes ont en effet traités comme des chiens. Et puis, un Allemand qui jette la pierre à la servilité d'autrui !

Mais laissons de nouveau la parole à ce prêtre du Christ, du dieu de paix et d'amour :

« Il en est autrement de la Lorraine. Là aussi notre tâche est ardue. Mais nos yeux étincellent quand nous en parlons : car nous avons pour adversaire un égal, — confessions religieuses, races et civilisations de même

valeur se dressent l'une contre l'autre dans une lutte
formidable ».

Écraser comme des animaux immondes ou abattre
dans une guerre sans merci, voilà pour M. Tiedje la politique de l'Allemagne envers Polonais et Alsaciens-Lorrains. Quant à leur rendre la liberté, il n'y songe même
pas un instant.

Aux Slesvigois non plus. Sa raison ? Il lui suffit que
l'autorité militaire compétente affirme la nécessité de
conserver leur province pour la sécurité de l'Empire
allemand. C'est la théorie bismarckienne du glacis. Elle
mène loin : une fois cette marche germanisée, il faudra
en conquérir de nouvelles pour la protéger, et ainsi de
suite, jusqu'à l'annexion du monde entier[1].

Pas un Allemand, semble-t-il, à part quelques socialistes, ne demande le retour du Slesvig danois au Danemark. Pas même ceux qui protestent contre l'oppression
des Slesvigois au nom de la charité chrétienne, de l'humanité, de l'idéal, — comme M. le pasteur Schmidt, qui a
créé en cette province, il y a quatre ans, la « Ligue de
la paix », — comme M. le pasteur Tonnesen, président
de la « Mission intérieure » et l'un des fondateurs de
« l'Association des pasteurs slesvigois », — comme
M. le professeur Rade, de Marbourg, qui a publié sur le
sujet d'éloquents articles dans *Die christliche Welt* et un
livre intitulé *Mehr Idealismus in der Politik*, qui envoie
même à environ 300 journaux, depuis 1910, une *Grenz-*

---

1. Sous prétexte que les danois — du Danemark — ne prennent point
parti pour l'Allemagne dans la guerre actuelle, M. Tiedje leur a prédit
avec rage qu'ils seraient écrasés. Ah ! la belle âme !

marken-Korrespondenz destinée à contrebalancer les informations tendancieuses de la Ligue allemande, — comme M. le professeur Delbrück, de Berlin, le savant historien, qui n'a pas craint de dénoncer dans ses *Preussische Jahrbücher* « la brutalité » et « l'aveuglement » de la politique allemande en Slesvig, — comme MM. les professeurs Hänel, de Kiel, et Paulsen, de Berlin, qui ont pris la parole pour s'élever contre l'injustice « inutile » des vexations, — comme bien d'autres encore [1]. Tous, ils professent que le pays doit rester à l'Allemagne.

Sans doute, ils ne veulent pas qu'on moleste les habitants, qu'on les contraigne à abandonner leur langue maternelle ou leur nationalité. Mais ils pensent que forcément les Slesvigois doivent peu à peu se germaniser, qu'il faut même les y amener par la persuasion, en répandant à travers la province la civilisation allemande sous sa forme la plus élevée, pour l'opposer à la civilisation danoise, mieux représentée aujourd'hui et triomphante ; ils trouvent que c'est, d'ailleurs, plus sûr comme tactique, beaucoup plus sûr.

Harmodius à rebours, ces hommes sensibles voudraient cacher sous des fleurs, — se cacher à eux-mêmes, sans doute, aussi bien qu'à la victime, — le poignard qui doit frapper à mort, non le tyran, mais le tyrannisé : le cœur danois, l'âme danoise du Slesvig.

Non ragioniam di lor, ma guarda e passa [2].

. . . .

1. M. Bade a eu le courage de protester publiquement contre la violation de la neutralité belge. Quant aux autres.....

2. « Ne parlons pas d'eux, mais regarde et passe ». Dante, *Enfer*, III.

Quant aux persécuteurs, officiels ou privés, grands ou petits, nous ne cesserons de flétrir leur « politique » perfide et brutale. Ils peuvent en rire, ces politiciens « réalistes », dans l'arrogance de leur force, comme riaient les défenseurs de Jéricho derrière leurs murs inexpugnables !

Sonnez, sonnez toujours, clairons de la pensée :

la citadelle de l'oppression finira bien par s'écrouler.
Et le Slesvig danois retournera au Danemark.

TABLE DES MATIÈRES

ÉVREUX, IMPRIMERIE CH. HÉRISSEY

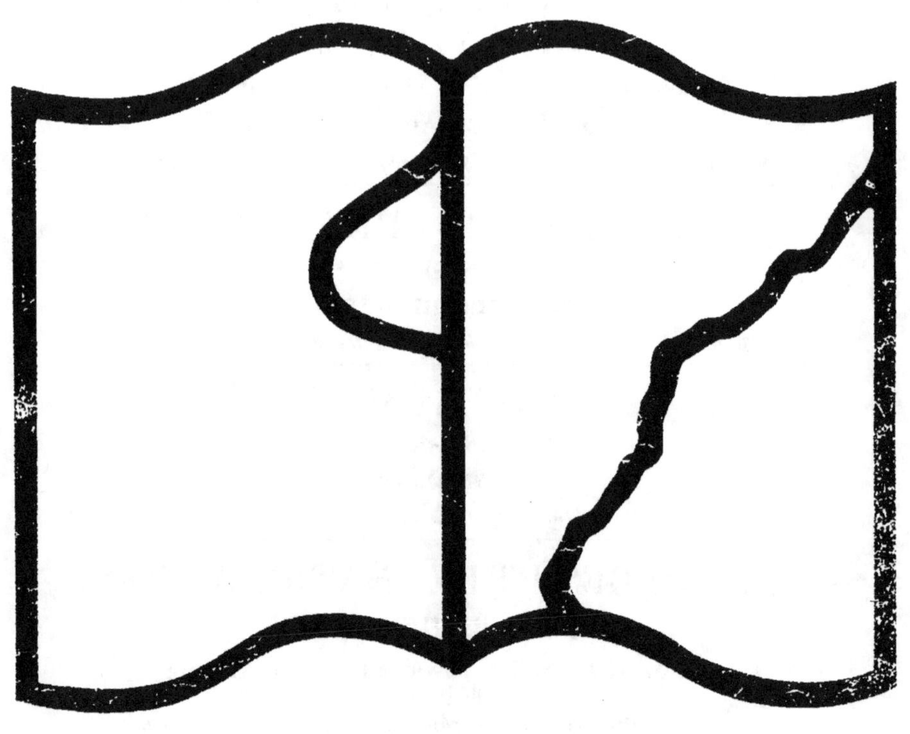

Texte détérioré — reliure défectueuse

NF Z 43-120-11

Contraste insuffisant

NF Z 43-120-14